VILLES LIBRES ET IMPÉRIALES DE L'ANCIENNE ALSACE

# LANDAU.

VILLES LIBRES ET IMPÉRIALES DE L'ANCIENNE ALSACE.

# LANDAU

## ÉTUDE HISTORIQUE

PAR

L. LEVRAULT,

Correspondant du Ministère de l'Instruction publique pour les travaux historiques
et de la Société impériale des antiquaires de France, etc.

STRASBOURG,

*A la librairie, imprimerie et lithographie de Mme Berger-Levrault et fils.*

COLMAR,

IMPRIMERIE ET LITHOGRAPHIE DE CAMILLE DECKER.

1859.

# VILLES LIBRES ET IMPÉRIALES

## DE L'ANCIENNE ALSACE.

---

## LANDAU.

Landau ! Quel Alsacien ne prononce ce nom avec un patriotique regret ! Landau noble fleuron arraché à la couronne de France ! Trop belle fille de l'Alsace qui languit dérobée à l'Alsace ! Landau, témoignage toujours vivant de nos revers de 1815, triste et continuel écho des humiliations du lendemain de Waterloo !

Oui Landau, l'une des dix villes libres et impériales de la *Landvogtey* d'Alsace ou grande préfecture de Haguenau, Landau l'un des chefs-d'œuvre de Vauban, et l'un des boulevards de la France à partir de 1686 jusqu'en 1815, Landau appartient aujourd'hui au royaume de Bavière ! Et ce n'est pas que la Bavière possède Landau par droit de conquête, en vertu d'un de ces faits d'armes qui sanctionnent jusqu'à un certain point les usurpations de territoire. Non vraiment, car en 1815 les portes de la place française de Landau n'ont pas été brisées à coups de canon, elles ont été ouvertes à coups de protocoles, alors que la France, épuisée de soldats et accablée par l'Europe entière, devait laisser la légitimité souscrire, non sans un chevaleresque et patriotique dépit, à toutes les dures conditions imposées à sa restauration par la Sainte-Alliance.

C'est grand'pitié de la voir aujourd'hui, cette noble cité alsacienne, appendant tristement sur ses remparts les couleurs bavaroises, elle qui arborait naguères sa bannière de République du Saint-Empire et qui plus tard se pavoisa tour-à-tour sous le blanc étendart de Rocroi et sous le drapeau de Marengo ! Il semble que la perte de ces glorieux insignes qui furent siens pendant des siècles lui pèse encore au cœur aujourd'hui, deshéritée qu'elle est tout à la fois, et de ses vieilles libertés municipales et de sa gloire moderne de citadelle française ; pauvre exilée à qui, par surcroit de cruauté, on n'a pas même caché la vue de la patrie, car la frontière de France est là, tout proche d'elle, lui souriant et lui ouvrant les bras! Que notre France fasse seulement un pas en avant, et l'enfant proscrite se retrouvera dans sa famille. Il suffirait pour cela de rendre à l'Alsace son antique et traditionnelle limite de la *Queich* au lieu de la *Lauter*, limite improvisée, il n'y a pas encore tout-à-fait quarante-trois ans, pour séparer ce que les siècles avaient uni! (1)

Eh bien, que l'histoire au moins la venge et nous la rende, cette pauvre sœur perdue et toujours regrettée! Pour les simples cités comme pour les peuples, pour Landau comme pour la Pologne, comme pour l'Italie, la nationalité ne saurait se prescrire par quelques séries d'années! Oui l'histoire ne saurait se lasser de revendiquer leurs droits, et il appartient peut-être à une plume alsacienne de protester au nom du passé contre la spoliation de Landau. (2)

---

(1) En disant que la Queich est la limite séculaire de l'Alsace, l'auteur de la notice sur Landau n'ignore pas que cette limite a été contestée non seulement lors des traités de Westphalie et d'Utrecht, mais même dans le dix-huitième siècle lorsqu'elle ne pouvait plus être qu'une question de géographie historique. Mais, indépendemment du point de fait acquis en faveur de la Queich par l'accession de Landau à la *Landvogtey* d'Alsace dès la période germanique, et par sa cession à la France lors du traité de Munster, cession confirmée par les traités subséquents de Ryswick et d'Utrecht, nous croyons le point de droit historique beaucoup mieux élucidé par Pfeffel et par Schœpflin, partisans tous deux de la limite de la Queich, que par Kremer et Croll, qui prétendent faire reculer la limite de l'Alsace non seulement derrière la Lauter mais même derrière la rivière de la Seltz, et affectent de confondre les limites de la juridiction diocésaine avec celles de la juridiction politique. Nous aurons l'occasion de revenir au surplus sur cette question dans le cours de la présente notice.

(2) Bien qu'il se livre dans les lignes ci-dessus à un sentiment que tous les lecteurs français comprendront, l'auteur ne veut pas méconnaître les efforts du gouvernement bavarois pour réconcilier l'ex-ville française avec sa nouvelle patrie. Au moins Landau, plus heureuse que sa voisine Saar-Louis, s'abrite sous un drapeau qui n'a pas toujours été hostile à la France, et qui peut lui redire la confraternité d'armes des plus beaux temps du premier Empire.

# I.

## ENFANCE DE LA VILLE.

Ainsi que la plupart des vieilles cités sur les deux rives du Rhin et surtout sur la rive gauche, Landau pourrait faire remonter, sinon son origine, au moins sa généalogie, jusqu'aux Romains. Il est vrai que ni Ptolémée, ni la carte Théodosienne, ni l'itinéraire dit d'Antonin ne donnent sur ce point aucune indication, et il faudrait avec Schœpflin lui dénier toute origine antérieure à la période germanique si, après tout, Landau ne pouvait faire valoir d'aussi bonnes raisons que Germersheim pour avoir été le *Vicus Julius* cité dans la *Notitia Imperii.* (1)

Cluver, (2) Baudrand, (3) Cellarius, (4) et d'après eux Schœpflin (5) préfèrent Germersheim, à cause de la situation de cette dernière ville sur le Rhin à l'embouchure de la Queich. Mais la *Notice de l'Empire* ne dit point que le *Vicus Julius* ait été sur le Rhin plutôt qu'à portée du Rhin, et son savant commentateur Pancirole incline même à le croire situé assez loin de là, puisqu'il le transporte, à tort sans doute, au *Juliacus Ubiorum* de l'itinéraire d'Antonin. (6)

La *Notice de l'Empire* se borne à dire que le *Vicus Julius* est situé entre *Nemetæ* (Spire) et *Tabernæ (Rhein-Zabern* ou *Berg-Zabern ?).* C'est aussi bien la situation de Landau que celle de Germersheim, et il est fort permis de supposer ou même de croire, en l'absence de toute preuve contraire, qu'à l'époque du *Vicus Julius* le Rhin était plus rapproché de l'emplacement actuel de Landau qu'il ne l'est aujourd'hui. Pourquoi les deux lieues qui l'en séparent n'auraient-elles pas été quelque marécage, comme il en existait tant au confluent de la plupart des rivières dans le fleuve? Des recherches géologiques assez récentes ne semblent-elles pas indiquer que cette partie du territoire entre Landau et Germersheim, resta sous l'eau plus long-

(1) *Notitia Imperii orientalis sive occidentalis*, édition de Pancirole.
(2) *Germ. antiq.*, lib. II, cap. XII.
(3) *Lex. Germ.*, au mot *Vicus Julius.*
(4) *Geogr. antiq.*, tom. 1er, lib. II, cap. III.
(5) SCHŒPFLIN, *Alsat. illust.*, tome 1er, *Vicus Julius.*
(6) PANCIROLI, *Commentaria ad Notitiam Imperii*, cap. XC, p. 146.

temps que la contrée au haut de la Queich entre Landau et les montagnes? Cette rivière de la Queich, aujourd'hui encore assez forte en raison du peu de longueur de son cours, ne put-elle être dans des temps très-loin de nous en état constant de débordement vers son embouchure, de telle sorte que jusqu'à Landau le Rhin et elle ne faisaient qu'un pour ainsi dire? Le *Vicus Julius*, même situé à Landau, pourrait donc avoir été une position fluviale, un de ces établissements romains destinés à surveiller le grand fleuve qui, après l'occupation de la rive droite par les Barbares, restait la plus forte barrière de l'Empire.

Sébastien Munster voit le *Vicus Julius* à Landau ou à Wissembourg.(1) Mais Wissembourg est sur la *Lauter* et en arrière de Rhein Zabern, tandis que d'après la *Notice* cet établissement romain devait se trouver entre Rhein-Zabern et Spire, par conséquent sur la *Queich*. La question nous semble donc être entre Landau et Germersheim, plutôt qu'entre Landau et Wissembourg, qui d'ailleurs peut, à meilleur droit, revendiquer une autre origine romaine, celle qui résulterait pour cette dernière ville du voisinage d'Altstatt, l'ancienne *Concordia*. (2)

Posée aux termes de la *Notice*, c'est-à-dire entre Rhein-Zabern et Spire, et l'inondation du territoire entre Landau et Germersheim étant admise, cette question se résout de préférence en faveur de Landau, qui se trouverait ainsi avoir été la garnison de cette cohorte provinciale dite des *Andereccianiens* et de leur préfet, (*Anderecianos milites cum Præfecto)*, que la *Notitia* place au *Vicus Julius* et qui suivant Pancirole devait son nom à la ville d'Aquitaine où elle fut primitivement organisée. (3)

Dans tous les cas le cours de la Queich ayant été un des points colonisés ou gardés par les Romains, on est en droit de conjecturer que quelqu'établissement romain ou gallo-romain, ne fût-ce qu'une *villa*, ou quelques habitations de *Coloni* ou quelques huttes de *Læti*, existaient sur l'emplacement actuel de Landau. Le *Vicus Julius* n'était pas d'ailleurs, comme ce mot *Vicus* l'indique suffisamment, un simple fort ou *castellum*, mais bien un centre de colonisation, fort étendu selon toute

(1) *Cosmographia*, lib. II, cap. XI.

(2) BEATUS RHENANUS, *rer. Germ.*, lib. III, et GRANDIDIER, *Histoire d'Alsace*, p. 76 et SCHOEPFLIN, *Alsat. illust.*, tome 1er, — *Concordia*, p. 230, 233, 234.

(3) PANCIROLI, *Commentaria ad notitiam Imperii, dux moguntiacensis.*

apparence et ayant sur la *Queich* de nombreuses dépendances. Il est probable qu'il ne se resserra et devint un fort qu'à l'époque des dangers permanents de la frontière du Rhin ; Schœpflin pense que ce fut sous Valentinien Ier, lorsque Bingen aussi fut entouré de murs. (1) On conçoit en effet qu'un bourg établi au débouché de la *Queich* dans le Rhin ou dans les marécages avoisinants le Rhin, ait dû être fortifié à l'époque où les Barbares remontaient en barques le fleuve et ses affluents, s'infiltrant en quelque sorte dans l'Empire par toutes ses voies navigables en attendant le jour fatal où, grâce à Stilicon et au Rhin pris de glace, ils parviendraient à occuper en entier la Germanie première cis-rhénane.

En fait d'origine romaine pour Landau nous préférons le *Vicus Julius* à *Tribuni*, malgré l'opinion contraire de quelques auteurs, parce que *Tribuni* n'a pas comme le *Vicus Julius* sa place parfaitement déterminée par les documents historiques entre *Nemetæ* et *Tabernæ*, bien que l'un et l'autre de ces deux établissements romains paraissent avoir été à environ égale distance de *Concordia*. Ammien Marcellin rapporte, à propos de *Tribuni*, que le roi barbare Chnodomaire y établit son camp en 351, afin d'avoir ses barques à portée de lui et afin de s'assurer par là des refuges en cas d'échec. (2) Sous ce rapport la *Queich* pouvait offrir d'aussi bonnes voies de salut que la *Lauter;* toutefois, jusqu'à preuve contraire, il est prudent de s'en rapporter à Schœpflin et de voir avec lui *Tribuni* à Lauterbourg. (3)

Au surplus les Vandales, les Alains, les Alémans, les Franks et surtout les Huns firent table rase sur les bords de la *Queich* aussi bien que sur les bords de l'Ill, de la Lauter, et de tant d'autres cours d'eau espacés comme autant de lignes accessoires de défense sur l'étendue de la province gallo-romaine dite *Germania Prima*. Le *Vicus Julius* et *Tribuni* ne devaient pas plus survivre aux terribles bouleversements du cinquième siècle que tant d'autres forts ou villes consacrés par les documents antiques ou par les monuments comme ayant été des lieux de garnison ou de colonisation pendant les âges gallo-romains. Comme *Argentouaria* et autres lieux, celui de ces deux établissements, *Vicus Julius* ou *Tribuni*, qui existait, selon toute

---

(1) SCHŒPFLIN, *Alsat. illust.*, tome Ier, — *Vicus Julius.*

(2) AMMIEN MARCELLIN, lib. XVI, cap. XII.

(3) SCHŒPFLIN, *Alsat. illust.*, tome Ier, — *Tribuni.*

probabilité, au point où s'élève actuellement Landau, serait resté un champ plus ou moins fertile, dévoué à la pioche des antiquaires, si, au rapport d'une tradition recueillie par Merian, ([1]) un duc frank, burgunde ou aléman, du nom de Landfrid, n'eût pris en affection ce beau site et n'y eût établi un domaine. On a voulu faire dériver le nom de Landau de ce duc Landfrid ou Leudefrid, soit Landfrid duc d'Alémanie, cet opiniâtre adversaire de Pepin d'Héristal et de Charles Martel, soit le petit-fils d'Etichon ou Adalrick, ce Leudefrid ou Luitfrid, le dernier des ducs d'Alsace de l'époque mérowingienne. Comme le fait remarquer avec beaucoup de raison Schœpflin, si sobre d'ailleurs en fait d'appréciations basées sur la situation pittoresque, le nom de Landau s'explique mieux par le site même de la ville actuelle, et signifie pays ou territoire arrosé d'eaux vives. Il est possible que ce beau site ait captivé le dernier des frères de Sainte Odile, il est possible même que le nom de *Land-au* ait précédé le *Vicus Julius*, et que les Romains l'aient rencontré tout ancien déjà lors de leurs derniers travaux de défense entre *Moguntia* et le *tractus Argentoratensis*. Car la Basse-Alsace ayant été dès le temps d'Arioviste colonisée par les Triboques, qui refoulèrent dans les montagnes l'ancienne population belge-médiomatricienne, l'idiôme d'origine celtique ou de fusion celtique avait dû, bien avant les invasions des Barbares des quatrième et cinquième siècles, y faire place à l'idiôme des peuples germains. Et c'est peut-être là ce qui détermina ce nom de Germanie première donné par les Romains à un territoire situé sur la rive gauche du Rhin, territoire tout gaulois d'ailleurs par sa position géographique, comme par ses intérêts de défense politique.

Depuis le *Vicus Julius* et la ferme salique ou ducale de Luitfrid nous voyons se prolonger, pendant de longs siècles encore, l'âge douteux, l'enfance inaperçue de Landau. Combien se passa-t-il d'années après l'établissement agricole du Leude Ripuaire jusqu'à ce qu'un village, soit *Dammheim*, soit *Queichheim*, soit *Nussdorff*, vint se former autour du domaine frank? Et combien après la formation de ce village se passa-t-il d'autres séries d'années avant que le domaine et le village réunis ne devinssent une ville? Ces questions touchent à l'histoire de la plupart de nos cités d'Alsace, qui toutes à peu près procèdent d'un ancien domaine soit ducal, soit royal, soit impérial,

---

([1]) MÉRIAN, *Topographia Alsatiæ*, page 29.

se fusionnant peu à peu avec les maisons des ministériaux, des colons et des serfs bâties à l'entour.

Ce n'est pas que pour Landau comme pour beaucoup d'autres cités on ne puisse trouver des chroniqueurs de foi robuste ou des d'*Hozier* patriotes toujours prêts à affirmer envers et contre tous la date précise de la fondation de leur ville. Ainsi Beverlin rapporte qu'en l'année 666 le roi Dagobert entoura de murs Landau après y avoir fondé une église et une abbaye. Ainsi encore un chef frank du nom de Landobert y aurait bâti un château fort dès l'an 420. Ce Landobert de 420 nous paraît avoir un certain air de famille avec le Landfrid ou Luitfrid du huitième siècle, seulement il y a lieu de renoncer au château fort, car les Leudes franks, aussi bien ceux du huitième siècle que ceux du quatrième, se souciaient fort peu des résidences crénelées, ils leur préféraient les maisons de chasse et surtout les grandes fermes gynécées. Suivant toute probabilité Landau était à peine encore un village lorsque son territoire fut compris dans la donation de Dagobert I^er^ ou de l'un de ses deux homonymes à l'abbaye de Wissembourg, (1) ou peut-être dans celle de Dragobod, évêque de Spire à la même abbaye en 685 ou 690, ainsi que le rapporte Zeuss. (2)

La charte dite de Dagobert, qui énumère quelques uns des territoires de l'ancien mundat de Wissembourg ne fait pas, il est vrai, mention de Landau, mais cette charte apocryphe, dont l'antiquité a été ramenée par de doctes critiques au douzième siècle, ne devait sans doute énumérer que les lieux encore possédés par l'abbaye au douzième siècle. Or depuis l'an 624, date présumée de la première donation du mundat, depuis 685, 690 ou 712, dates des donations attribuées à Dragobod et à Dagobert III, (3) l'abbaye de Wissembourg a pu aliéner ou se laisser enlever le territoire rural ou forestier de Landau. Il est certain que, dans l'origine, et même assez longtemps encore sous la période germanique, le mundat de Wissembourg ne se composait pas seulement de terres en-deçà de la *Lauter*, mais aussi de terres situées au-delà, touchant ou dépassant la *Queich* et appartenant à ce qu'on appelait la Spirigovie ou le *pagus* de Spire. (4)

(1) SCHŒPFLIN, *Als. ill.*, tom. II, *pars francica*, par, 60.

(2) ZEUSS, *Traditiones possessionesque Wissemburgenses*, p. XII.

(3) Voyez le travail de M. Spach sur l'abbaye de Wissembourg dans le Bulletin de la Société pour la conservation des monuments historiques de l'Alsace.

(4) ADRIEN DE VALOIS, *Notitia Galliæ*, p. 478.

Les adversaires de la vieille frontière franco-alsacienne de la Queich argumentent volontiers de la Spirigovie pour essayer d'établir que Landau et son territoire ne faisaient point partie de l'Alsace, et ont été à tort compris à ce titre dans la cession du traité de Westphalie. Mais la Spirigovie, en tant que division politique, appartenait à une période antérieure à l'existence de la *Landvogtey* d'Alsace. Le *Spiregau* comme le *Sundgau* et le *Nordgau* étaient des comtés ou départements administratifs de l'époque francique ou carlowingienne. Il est probable qu'ils cumulèrent dans l'origine la circonscription ecclésiastique ou diocésaine avec la circonscription administrative ou civile ; il est même possible qu'ils soient nés d'anciennes divisions des provinces romaines *Germania prima* et *Maxima Sequanorum*, mais à l'époque où le *Landvogt* impérial de Haguenau servit de lien aux franchises des villes immédiates de l'Alsace et constitua par là en quelque sorte l'individualité de l'Alsace, les arrondissements territoriaux établis antérieurement aux usurpations de la féodalité n'étaient plus que des souvenirs quant au régime administratif, bien qu'ils se soient maintenus dans les juridictions ecclésiastiques. Ainsi vouloir dénier à Landau sa qualité de ville alsacienne parce qu'elle dépendait de l'évêché de Spire, c'est dénier cette même qualité à Wissembourg qui dépendait aussi de l'évêché de Spire, et à la plupart des villes de la Haute-Alsace qui faisaient partie du diocèse de Bâle.

Il n'y a pas non plus à arguer des partages de famille entre les fils de Louis-le-Débonnaire, entre Louis-le-Jeune et Charles-le-Gros, ni de l'apanage constitué par Othon Ier à l'impératrice Adelaïde, pour refuser à l'Alsace sa limite historique de la *Queich*. Sans doute, cette limite n'existait pas lorsque la province elle-même n'était plus, lorsque l'ancien duché mérowingien, fractionné en comtés du Nord et du Midi, passait tour-à-tour à des princes divers, se divisant pour servir d'appoint aux délimitations viagères entre Lothaire et Louis-le-Germanique ou entre les princes leurs héritiers. L'Alsace ne renaît comme réunion politique qu'à l'époque de ses libertés municipales, et dès lors aussi nous voyons Landau figurer, de l'aveu même de l'historien de Spire, [1] au nombre des villes libres et impériales de l'Alsace, ce qui reculait nécessairement jusqu'à la Queich la limite de

---

[1] Lehmann, *Chron. Spir.*, lib. IV, cap. VII.

l'agrégation des cités d'Alsace, et eut pour effet de faire constater officiellement cette limite par les actes de l'Empire. (1)

L'annexion des territoires de la *Lauter* et de la *Queich* à la circonscription du diocèse de Spire et même du comté de Spire, ne prouve donc rien contre la nationalité de Landau ni la limite alsacienne de la *Queich*.

## II.

### ADOLESCENCE DE LA VILLE.

A quelle époque pourrait remonter la distraction du territoire de Landau et son démembrement du mundat de Wissembourg pour passer plus ou moins complètement aux mains des comtes de Linange? Car il paraît que c'est la maison de Linange qui vers le treizième siècle exerça soit à titre allodial, soit à titre féodal, des droits de souveraineté ou d'administration sur Landau encore village. Et quand nous disons que Landau était encore un simple village au commencement du treizième siècle, nous n'ignorons pas qu'on attribue à l'empereur Otton III, en l'an 1003, une concession de priviléges en faveur de Landau. Est-il besoin de rappeler qu'Otton III étant mort en 1002, ne pouvait donner d'investitures en 1003, et que d'ailleurs les empereurs de la maison de Saxe ne purent songer à accorder des priviléges politiques même aux villes en assez grand nombre qu'ils fondèrent, ces villes étant plutôt pour eux des garnisons, des espèces de colonies militaires, que des cités destinées à plus ou moins d'indépendance?

Comme la maison de Linange donna vers la fin du douzième siècle plus d'un dignitaire aux souverainetés ecclésiastiques de Spire et de Wissembourg, on est en droit de conjecturer que les premiers droits des Linange sur Landau proviennent de cessions ou de ventes abbatiales. Ces droits ne paraissent pas d'ailleurs avoir été entièrement seigneuriaux, ils étaient plutôt fiscaux, et on les voit partagés dans

(1) SCHOEPFLIN, *Als. ill.*, tom. II, époque francique, *Spirigovie*, par. 30.

le commencement ou au moins peu après la première moitié du treizième siècle par le couvent d'*Eusserthal.* (1) A cette époque Landau n'était pas encore un centre de population assez étendu pour avoir une église ; ses habitants dépendaient de la cure de *Queichheim*, mais d'après Schœpflin, dès l'an 1200, l'ordre célèbre des Augustins aurait eu sur ce territoire un établissement. En 1276 le comte Emich de Linange y établit d'autres moines augustins qu'il fit venir de Steygen près Saverne dans le diocèse de Strasbourg, probablement Ober-Steigen. (2) Ces moines furent en quelque sorte les parrains de la naissante ville de Landau, car ils y bâtirent la première église en 1281, comme le témoigne une inscription placée au-dessus de la porte de la tour. Cette église dite de Notre-Dame-de-Steige ou de *Sancta Maria ad Scalas*, est mentionnée dans deux bulles de ce siècle, l'une de 1285 du pape Honoré IV, l'autre du pape Nicolas IV en date des kalendes de juin 1289. (3)

Il semble résulter d'un document cité par Birnbaum (4) que les Augustins possédèrent dans l'origine deux maisons à Landau. L'une à eux concédée par Emich de Linange en 1276, comme nous venons de le voir, l'autre en vertu d'une donation faite en 1317 par la noble dame Huse de Hohenstadt aux frères Simon et Thomas de Saarburg, et après eux au couvent des Augustins de Landau. Peut-être ces frères Simon et Bernard étaient-ils les derniers survivants des ermites de 1200, dont la fondation des Augustins aurait obtenu l'héritage.

L'église aujourd'hui paroissiale de Landau dont le vaisseau à croix latine rappelle dans ses parties les plus anciennes la première époque ogivale, serait donc la primitive église de Landau, celle bâtie par les Augustins. Lorsque la ville fut arrivée à l'immédiateté impériale cette église devint collégiale, malgré l'opposition des Augustins, opposition qui donna lieu aux bulles du pape Boniface VIII, de l'an 1300, et de Léon X, en 1517. C'est probablement par suite de l'érection en collégiale de cette église, à la fin du treizième siècle ou dans les pre-

---

(1) Privilége au couvent d'Eusserthal, dans WURDTWEIN, *Subsidia nova*, p. 195.

(2) Privilége d'Emich de Linange du 5 des ides de février 1276 dans SCHOEPFLIN, *Alsat. Diplom.*, p. 12 et dans les preuves de BIRNBAUM, charte de Frédéric de Linange, confirmation de ce privilége, n° IV.

(3) SCHOEPFLIN, *Alsat. Diplom.*, tome II, p. 31 et 41.

(4) *Geschichte der Stadt Landau*, p. 61.

mières années du quatorzième, que les Augustins bâtirent l'église dite aujourd'hui encore des *Augustins* et qui sert actuellement d'arsenal à la garnison bavaroise. Malgré ses baies trop grandes pour appartenir à l'ère ogivale du treizième siècle, ce monument, tout dégradé qu'il est aujourd'hui, montre en effet quelques traces de construction qui se rattachent à l'époque où l'autre église des Augustins fut déclarée collégiale.

A en croire Hertzog, Landau aurait figuré dans la ligue des villes formée en 1255 pour garantir la sûreté des routes contre les exactions des burgraves. Lehmann ne cite pas Landau au nombre de ces confédérés de 1255, et comme la ville n'avait pas encore été déclarée immédiate, il est difficile d'admettre sa participation dès le milieu du treizième siècle à un acte de cette importance.

L'impatience du pouvoir seigueurial des comtes de Linange paraît s'être fait jour avec beaucoup de vivacité à Landau, dans la seconde moitié de ce même siècle. Peut-être la part prise par les Linange à la guerre de l'évêque Walther de Géroldseck contre la ville de Strasbourg, contribua-t-elle à exciter chez les gens de Landau les ferments ou les velléités d'affranchissement. Ils pouvaient apprendre par l'exemple des Strasbourgeois comment une ville sait vaincre ceux qui se prétendent ses maîtres. Rien ne prouve au surplus qu'il y ait eu prise d'armes des habitants de Landau contre la maison de Linange, mais les concessions de cette maison, à partir de la dernière moitié du treizième siècle, semblent indiquer le besoin de transiger avec des bourgeois devenus de plus en plus exigeants et redoutables.

Comme dans beaucoup d'autres villes, bourgs et villages, le pouvoir seigneurial n'était pas d'ailleurs bien défini à Landau. La maison de Linange ne prétendait de droits allodiaux que sur une très-faible partie du territoire de la ville. Ses droits féodaux laissaient aussi intact une partie de ce territoire, qui restait ainsi de nom, sinon de fait, terre de l'Empire.

Enfin Rodolphe de Habsbourg, ce grand distributeur de franchises municipales, vint étendre sa main libératrice sur Landau. Sa politique consistait, comme l'on sait, à s'appuyer sur les villes contre les seigneurs, et il avait appris à aimer la bourgeoisie pendant qu'il était le chef soldé des milices strasbourgeoises. Par un premier diplôme daté de Haguenau, le 3 des kalendes de juin 1274, il accorda à ses amés bourgeois de Landau le privilége d'un marché hebdomadaire, cette source de richesses, et par conséquent d'indépendance au moyen-âge. Et il veut, ajoute-t-il, qu'ils en jouissent au même titre que les bourgeois de la ville impériale de Haguenau. (1)

Ainsi grâce à la munificence de Rodolphe de Habsbourg, munificence qui ne lui coûtait guères, il est vrai, la commune de Landau comme corps collectif et les habitants de Landau comme individus s'enrichissent déjà assez dès l'année 1274 pour se sentir plus forts à l'encontre des comtes de Linange et entreprendre de compter avec eux. La charte d'Emich de Linange de 1276, charte postérieure de deux ans à l'obtention du marché hebdomadaire, en fait foi, et prouve que le seigneur féodal rabat déjà beaucoup de ses prétentions.

Dès 1285, d'après un titre du couvent d'Eusserthal (2) Landau avait son conseil de ville (*Stadt-Rath*) et sa juridiction municipale, puisque le prieur d'Eusserthal cite un bourgeois de la ville accusé par lui de détenir des biens appartenant au couvent devant les *Burgmänner* et échevins de Landau. Pour être arrivée là dès 1285 il fallait que la ville fût déjà de fait, sinon de droit, affranchie de la juridiction des Linange, et qu'elle eût déjà par conséquent une enceinte crénelée, cette garantie de libre individualité municipale aux temps de l'anarchie seigneuriale.

Comment les bourgeois de Landau se donnèrent-ils ces remparts? De vive force ou avec le consentement des Linange? Schœpflin nous apprend que vers la fin du treizième siècle un chevalier nommé Jean de Rymberg y avait construit un petit château fort, qui fut bientôt après détruit. (3) Ce Jean de Rymberg était peut-être quelque tenancier de la maison de Linange et la destruction de son château pourrait avoir été à la fois le résultat d'une émeute et l'origine de la construction des murs de la ville. C'est aussi après la destruction de leur château en 1246 par l'évêque Henri de Stahleck que les habitants d'Obernai songèrent à se protéger par une enceinte continue. (4) Toutefois il serait possible que la construction et la destruction du château de Jean de Rymberg se rattachassent, comme nous le ver-

---

(1) SCHŒPFLIN, *Als. ill. Landau*, tome II.
(2) *Monast. Palat.*, p. 132 et BIRNBAUM, *Geschichte der Stadt Landau*, p. 51.
(3) SCHŒPFLIN, *Als. ill.*, tome II, *Landau*.
(4) KŒNIGSHOVEN, chap. IV.

rons ci-après, à un autre épisode du développement municipal de Landau.

La commune de Landau paraît s'être formée de la réunion des villages d'*Itzingen*, d'*Oberbornheim* et de *Mulhausen*, (1) villages dont les habitants, vassaux selon toute apparence de la maison de Linange, vinrent se joindre aux primitifs habitants de Landau afin de former un corps plus compact, plus capable de résister aux exactions armées des petits seigneurs du voisinage. L'adjonction ne fut pas d'ailleurs instantanée, les deux premiers étaient déjà fondus avec Landau lorsque le troisième vint s'y incorporer. Mérian rapporte ces adjonctions au règne de Pépin, année 750; (2) il est inutile de réfuter cette assertion, mais les probabilités historiques sont pour le treizième siècle, à partir du grand interrègne.

Mulhausen possédait le droit d'un marché, et c'est ce droit de marché que Rodolphe de Habsbourg transféra à la ville de Landau en l'entourant de priviléges nouveaux. Comme le chapitre de Spire prétendait ou exerçait des droits sur Mulhausen, la translation des habitants de ce village et de leur marché à Landau donna lieu par la suite à plus d'une contestation entre le chapitre de Spire et la ville de Landau.

En avril 1291 par un second diplôme impérial donné pendant son séjour à Seltz, Rodolphe de Habsbourg appela formellement ses chers bourgeois de *Landowe* à jouir de tous les droits et priviléges dont les bourgeois de Haguenau se trouvaient être dotés en vertu des concessions impériales. (3) Ce diplôme les affranchissait implicitement de la dépendance des comtes de Linange et les émancipait légalement. Enfin par un troisième diplôme daté de Landau même, le 3 des ides de juin 1291 (4) Rodolphe Ier déclara que les bourgeois « de Landowe étaient rassemblés comme une plantation de jeunes vignes qu'il « jugeait à propos de retenir pour lui et pour l'Empire, » leur renouvelant en outre le droit déjà concédé par le premier diplôme de 1291 de posséder eux et leurs héritiers, des fiefs, et de jouir de la forêt dite *Heingereite*, ainsi que du marché hebdomadaire déjà accordé en 1274, et fixé au cinquième jour de la semaine.

---

(1) SCHOEPFLIN, *Als. ill.*, tome II, *Landau.*

(2) MÉRIAN, *Topographia Alsatiæ*, p. 29.

(3) LUNIG, *Reichs.-Arch.*, XIII, p. 1282.

(4) *Diplomatique* de SCHOEPFLIN, tome II, p. 49.

Ce dernier diplôme de juin 1291 qui ne précéda la mort de l'illustre chef de la maison d'Autriche que d'environ quatre semaines et qui fut donné pendant que, malade déjà, et comme pour fuir Germersheim où l'attendait sa fin prochaine, il était venu visiter Landau, semblait devoir assurer à jamais l'immédiateté et les franchises municipales de la nouvelle ville impériale.

Ce n'était pas sans doute encore la liberté, comme plus tard l'entendirent les villes libres et impériales d'Alsace, c'est-à-dire l'affranchissement du pouvoir juridictionnel des officiers de l'Empire. Il faut bien se garder de confondre le titre de *ville libre* avec celui de *ville impériale*, quoique par la suite, et en Alsace surtout, la plupart des villes impériales soient arrivées à être aussi villes libres.

Mais l'indépendance politique de nos villes impériales ne s'établit que peu à peu, autant par les usurpations des bourgeois que par les concessions des Empereurs. La déclaration d'immédiateté et les immunités y attachées n'avaient réellement pour objet que d'arracher ces villes à la juridiction des seigneurs laïques ou ecclésiastiques, afin de les rendre justiciables de l'Empereur seul et de ses officiers. C'était plutôt par conséquent une conquête du pouvoir central sur les petits pouvoirs provinciaux qu'une conquête de la liberté. Néanmoins les libertés municipales gagnaient toujours beaucoup à ce retour direct à l'Empire. Puis à mesure que les villes impériales devinrent plus riches et plus puissantes, à mesure qu'autour d'elles se décomposa et dégénéra le pouvoir monarchique, elles tendirent davantage à la décentralisation, de telle sorte que l'indépendance politique suivait peu à peu l'affranchissement civil de la commune, comme en nos sociétés modernes les droits politiques ont suivi presque toujours et presque partout les droits civils des citoyens.

Dans l'ancien Empire germanique, bien plus que dans l'ancien royaume de France, l'affranchissement des communes devait amener leur indépendance politique. La succession à l'Empire n'ayant pas les bases fixes de l'hérédité, chaque changement de règne provoquait des changements de régime plus ou moins radicaux. Le pouvoir central ne pouvait en effet, à moins de grands efforts, conserver ce prestige, qui en France maintint l'intégrité nationale. De là ces bizarres constitutions de Républiques sous la suzeraineté impériale, petits Etats bourgeois qui arrivèrent à se gouverner eux-mêmes, à se liguer ouvertement entr'eux, et qui souvent se montrèrent aussi indépendants du suzerain qu'en France les grands vassaux de la couronne avant Louis XI.

Mais sous Rodolphe de Habsbourg l'ère de l'indépendance n'avait pas encore sonné pour la ville déclarée impériale de Landau. Rodolphe retirait volontiers d'une main ce qu'il donnait de l'autre. Il ôtait les communes aux seigneurs pour les mettre aux mains de l'Empereur, pour s'en faire une force et non un embarras. Peut-être même sa politique avait-elle des mobiles moins grands, moins dignes de ce que l'histoire semblerait en droit d'attendre de lui. Car Rodolphe était, malgré sa grandeur, obligé de vivre au jour le jour. Simple baron élevé au trône par la jalousie des électeurs entr'eux au moins autant que par ses exploits, il se voyait souvent arrêté dans son chemin par un ennemi qui ne ménageait guères plus en ce temps-là les rois que les particuliers, le manque d'argent. Dans ces extrémités, il était parfois forcé d'avoir recours aux expédients les plus contraires aux intérêts de sa politique. C'est ainsi qu'il établit ou étendit l'usage d'emprunter aux seigneurs bien en fonds, sauf à leur donner en gage des villes impériales, sans trop se faire scrupule de détruire par là son propre ouvrage et de rendre sous une autre forme à ses ennemis la force qu'il leur avait ôtée. Les déclarations d'immédiateté des villes impériales semblaient être à ses yeux des moyens de battre monnaie, peut-être même n'en augmenta-t-il si volontiers le nombre qu'afin de s'en faire autant d'hypothèques pour les emprunts besogneux de son gouvernement. En ce cas ces diplômes d'affranchissement n'auraient été que des spéculations de bas étage, des lettres de noblesse dont il leurait la vanité des bourgeois, qu'il leur vendait d'abord à beaux deniers comptants et puis qu'il engageait moyennant finances aux anciens seigneurs de ces villes ou à leurs voisins. Tour de passe-passe fort peu digne de l'empereur, et qui devait avoir pour effet de pousser toujours plus les communes à l'individualité en leur enlevant toute confiance en leur appui naturel, l'empereur.

L'histoire de Landau nous offre plus d'un exemple de ces *jeux de princes:* Le premier date de Rodolphe I^er^ lui-même. En effet, peu après son diplôme de 1274, ère de l'immédiateté reconnue de Landau, et au mépris des principes qui semblaient avoir dicté ce diplôme, se trouvant être en grande presse d'argent par suite de la guerre de Bohême et de ses expéditions dans la Haute-Alsace, Rodolphe de Habsbourg se met à en emprunter au comte Emich ou Emichon de Linange et lui offre en gage pour quatre ans cette ville de Landau à peine arrachée à son pouvoir féodal. Puis à la mort d'Emich de Linange et de son fils Otton, il engage par un diplôme daté d'Erfurt, kalendes de mars 1290, moyennant nouvelles finances, l'ancienne impignoration d'Emich, sauf toutefois la ville de Landau, à Otton d'Ochsenstein. (1) Si la ville de Landau ne fut pas comprise dans cet engagement à la maison d'Ochsenstein, ce fut uniquement, on peut le croire, parce que les bourgeois se saignèrent afin de faire leur prêt particulier, et d'acheter ainsi à beaux deniers comptants la jouissance de leur nouvel état civil.

Pour faire face à tous les sacrifices d'argent, qui la rachetèrent au moins momentanément de la juridiction des Linange, Landau avait dû avoir recours aux juifs, ces banquiers à la fois si puissants et si exécrés du moyen-âge féodal. La nouvelle ville impériale sollicita donc comme une grâce de l'empereur Rodolphe le droit de donner ou plutôt de vendre asile en ses murs aux Juifs, et dès lors, en effet, des familles juives s'établirent moyennant finances, qu'on pourrait presqu'appeler rançon, au milieu des bourgeois de Landau, dont, comme de raison, elles ne partageaient pas d'ailleurs les priviléges, restant toujours pour ces derniers des gens taillables et corvéables à merci.

Grâce aux avances des juifs, Landau avait déjà assez généreusement satisfait aux besoins fiscaux de l'empereur Rodolphe lorsque ce dernier mourut à quelques lieues de Landau, à Germersheim, petit bourg qu'il venait aussi d'appeler à l'immédiateté, mais qui ne devait guères jouir longtemps de cette prérogative.

Son successseur au trône du Saint-Empire germanique, Adolphe de Nassau, montra d'abord à la ville de Landau le même bon vouloir. Le 15 juin 1292 il y vint à son tour résider quelques jours et paya l'hospitalité de la ville en lui concédant la ferme impériale du village voisin de *Damheim* (2) Il eut lieu sans doute d'être satisfait de l'accueil à lui fait en cette circonstance, car deux ans après l'empereur Adolphe revint à Landau tenir sa cour plénière pendant les fêtes de Noël.

Ces visites d'empereurs n'étaient peut-être pas ce qui pouvait le

---

(1) Diplomatique de SCHOEPFLIN, tom. II, p. 45.

(2) SCHOEPFLIN, *Als. ill.*, tom. II, et *Ann. Colm.*, p. 28.

mieux convenir à la pauvre ville. Elles lui coûtaient chaque fois aussi cher qu'avaient pu lui coûter précédemment les exigences des comtes de Linange. La fable de Lafontaine était vraie dès lors, et les cités d'Allemagne, obligées d'héberger tour-à-tour leurs nomades souverains avec toute leur cour, ne recevaient pas sans effroi l'annonce de ces gracieusetés impériales qui se résolvaient toujours pour elles en mise à sec de leurs épargnes ou en dettes plus ou moins criardes.

Mais les braves bourgeois de Landau savaient faire contre fortune bon cœur. La tradition nous a conservé quelques détails assez piquants à l'endroit de l'hospitalité landavienne en cette occasion solennelle. La digne ville n'avait rien épargné pour bien traiter son auguste commensal et sa nombreuse suite. Tout le vin des caves municipales et des caves particulières ayant été bu par les chevaliers et par les soudarts de l'empereur, on avait pris le parti d'en faire venir de Worms et de Mayence. Cette nouvelle aussitôt connue des hôtes de Landau les allécha beaucoup. Les vignobles du Palatinat et du Rhingau jouissaient dès lors d'une grande réputation, et s'approvisionner à Worms ou à Rudesheim pour remplacer le vin du crû c'était mettre le comble à l'hospitalité. Au jour fixé pour l'arrivée du précieux liquide on se rend donc en foule sur la route du Rhin. C'est une pittoresque procession de bourgeois endimanchés, d'hommes d'armes aux cuirasses étincelantes, de nobles dames et de gentes bachelettes dans leurs plus brillants atours. Ces dernières cependant sont un peu négligées, il s'agit bien de galanterie en vérité, lorsque de francs Allemands courent à la rencontre d'un convoi de vins ! Les plus empressés sont même munis de gobelets afin de déguster séance tenante les barriques de vin du Rhin, et l'on ne parle de rien moins que de mettre incontinent en perce, dès leur arrivée sur la rive, ces barriques si désirées.

Malgré toute leur munificence ce n'était pas le compte des amphytrions. L'aspect des tonneaux vides de leurs caves leur avait fait faire un triste retour sur les inconvénients d'une hospitalité trop généreuse ; ils veulent au moins garder pour eux une part des tonneaux pleins qui arrivent. Mais comment faire, comment se garer de leurs hôtes trop indiscrets, trop forcenés buveurs ? Si le convoi fait solennellement son entrée à Landau en présence des gardes de l'empereur, il est perdu, il est mis au pillage, il est bu sans désemparer, et plus rien pour le lendemain, plus rien pour les bourgeois qui payent et qui eux aussi voudraient avoir le plaisir de déguster le *Lieb-frauen-milch* acheté pour leur compte. Dans cette extrémité le conseil de ville s'assemble, on ne sait à quel saint se vouer, chacun donne son avis, et Dieu sait quel avis ! Enfin un des échevins, homme de tête, surtout quand il s'agit de boissons, trouve moyen de sauver à la fois les renforts de vins achetés par la ville et sa réputation d'hospitalité. Il faut envoyer secrètement un bateau à la rencontre des bateaux de Worms et de Mayence, le munir de bon nombre de futailles vides qu'on remplira d'un peu de vin et de beaucoup d'eau. Puis les futailles ainsi remplies d'un hygiénique mélange seront débarquées en grande cérémonie et mises immédiatement à la disposition de leurs hôtes, tandis qu'on attendra la nuit pour faire entrer en ville le reste du convoi aux tonneaux encore purs d'alliage. Ainsi dit, ainsi fait ; les hommes d'armes impériaux donnent dans la supercherie, non sans s'étonner de trouver si peu alcoolique ce vin si renommé. Et c'est ainsi que la bourgeoisie de Landau a su mettre de l'eau dans le vin de l'empereur Adolphe.

Serait-ce par rancune de cette fraude économique qu'Adolphe de Nassau, diminuant, autant qu'il le pouvait, le bienfait de Rodolphe de Habsbourg, obligea la ville de Landau à payer chaque année au chapitre de Spire une rente de douze livres pesant d'argent (1), en compensation de la translation à Landau du marché de Mulhausen sur lequel le chapitre prétendait des droits ?

Cette restitution de droits au chapitre de Spire, qui précisément alors était gouverné par un membre de la maison de Linange parait avoir été suivie d'un autre mauvais procédé d'Adolphe de Nassau pour la nouvelle ville impériale érigée par son prédécesseur. Nous avons parlé du château de Jean de Rymberg qui existait à Landau vers la fin du XIII^e^ siècle. Ce château, qui ne semble pas pouvoir se concilier, en tant qu'occupation seigneuriale ou féodale, avec les priviléges de Rodolphe de Habsbourg, aurait sa raison d'être plus apparente sous le règne d'Adolphe de Nassau.

En effet les privilèges de Rodolphe parlent seulement de *consules* à Landau, c'est-à-dire de magistrats municipaux, tandis que ceux d'Adolphe de Nassau parlent de *castrenses* et de *consules* c'est-à-dire

(1) Schoepflin, *Alsat. Diplom.*, tom. II, p. 51, et Birnbaum, *Geschichte der Stadt Landau*, p. 70, 72, 78.

de châtelains, *(Burg-männer* ou *Burg-vogten)*, et de magistrats bourgeois. C'était un retour vers le régime antérieur à l'octroi des diplômes de 1290 et de 1291, et le château de Rymberg, soit qu'il ait été tenu par un officier des Linange, soit qu'il ait servi de résidence à ces *Burg-männer* relatés dans les titres d'Adolphe de Nassau, fut évidemment une menace pour les franchises municipales, une reprise de possession quasi seigneuriale. Aussi voyons-nous qu'il ne résista pas longtemps à cette bourgeoisie trop nouvellement émancipée pour n'être pas très-jalouse de ses droits ou de ses progrès. L'histoire ne nous dit pas comment il finit. Fût-ce à la suite d'une émeute ou avec le concours du pouvoir impérial ? Pour avoir disparu ainsi sans laisser de trace il faut croire que quelqu'émeute le nivela, quelqu'émeute qui aurait eu son explication dans l'antagonisme naissant des *castrenses* et des *consules* ou de la noblesse urbaine et de la bourgeoisie.

En définitive, sauf la rédimation à payer au chapitre de Spire en compensation de la translation du marché de Mulhausen, Landau n'eut pas trop à se plaindre d'Adolphe de Nassau, et l'octroi de Damheim, avec ses *hommes*, terres, prés, vignes, bois, dut compenser aux yeux des bourgeois l'humiliation de la rente stipulée par lui en faveur du chapitre de Spire et dont il a été fait mention ci-dessus.

La clause de cette concession de Damheim qui donne à Landau les *hommes* de ce village est surtout remarquable : elle est en quelque sorte la mise en pratique du droit de posséder des fiefs conféré à Landau par Rodolphe de Habsbourg. (1) Comme les nobles seuls pouvaient posséder des fiefs, ce droit et la pratique de ce droit équivalaient pour Landau à une sorte d'anoblissement et constituaient bien réellement son état civil comme ville impériale. C'est ainsi qu'Obernai advint à la possession du fief de Bernardswiller.

L'avènement d'Albert Ier, fils de Rodolphe de Habsbourg, au trône impérial, fut plus favorable à Landau que celui d'Adolphe de Nassau, tué par lui à la rencontre de Gelheim près de Worms, le 2 juillet 1298. Les princes de la maison d'Autriche paraissent avoir dès lors affecté de considérer comme des clients de famille les villes immédiatisées par le grand Rodolphe. Aussi voyons-nous Albert Ier renouveler à Laudau et à ses bourgeois tous les privilèges précédemment accordés par

(1) SCHOEPFLIN, *Alsat. Diplom.*, tom. II, p. 112.

son pére, y compris pour les habitants comme pour la ville le droit de posséder des fiefs impériaux. (1)

Landau en effet continua sous ce règne à posséder à la fois Damheim et Mulhausen, quoique ce dernier village fût réclamé à corps et à cris par le chapitre de Spire, auquel peut-être la ville impériale ne se montrait pas très-empressée de payer la redevance stipulée par Adolphe de Nassau.

Ce fut aussi sous Albert Ier que Landau se donna une enceinte plus forte ou plus continue, ce qui était la meilleure des chartes d'affranchissement et surtout des sauve-gardes en ce temps-là.

Mais lorsque vint à éclater la guerre de compétition à l'empire entre Louis de Bavière et Frédéric-le-Bel d'Autriche, les jours de prospérité s'envolèrent bien vite pour la pauvre ville de Landau.

Fidèle à la famille de ses bienfaiteurs elle avait pris fait et cause pour l'anti-César Frédéric III, et nous voyons ce dernier reconnaître ce dévouement par deux diplômes confirmatifs des priviléges antérieurs; l'un de ces diplômes, daté des kalendes d'avril 1315, concède à la ville la perception de la gabelle ou *Umgelt* sous condition d'employer ce revenu à l'entretien des murailles et des tours. (2) L'autre, daté du même jour, promet de ne jamais engager la ville sous quelque prétexte que ce soit. (3) Malheureusement c'était le vaincu qui promettait et non pas le vainqueur.

Louis de Bavière s'en vengea cruellement. Il avait vu avec colère son prévôt impérial chassé par les bourgeois de Landau, et ceux-ci fournir de nombreux volontaires à l'armée de son compétiteur, tandis que le contingent régulier de la ville réuni aux troupes d'Otton d'Ochsenstein qui commandait dans le Spiregau au nom de Frédéric III, faisait le plus de mal possible aux Bavarois et à leurs alliés, les bourgeois de Spire. (4)

Aussi dès l'an 1317 par un acte daté de Francfort engagea-t-il la ville alliée de Fréderic-le-Bel à cette même ville de Spire qu'elle venait d'offenser et de combattre. L'engagement s'élevait à 5500

(1) SCHOEPFLIN, *Alsat. illust.*, tome II, — *Landavia.*

(2) SCHOEPFLIN, ibidem.

(3) SCHOEPFLIN, ibidem.

(4) LEHMANN, *Chronicon Spirense*, lib. VII, cap. XXIV, et MÉRIAN, *Topographia Alsatiæ*, p. 29.

livres-*Heller*, somme considérable pour le temps, et Louis de Bavière, sur la demande des bourgeois de Spire, ordonna de plus que les murs de Landau seraient rasés. (1) Pendant deux ans Landau parvint toutefois à se soustraire à l'exécution de ces dures conditions, et pendant ces deux années, bien loin de démolir leurs fortifications, les habitants s'évertuèrent à les rendre plus redoutables, mais en 1319 Louis de Bavière vint en personne attaquer la ville. (2) Déjà l'investissement avait eu lieu et l'assaut allait être donné, lorsque grâce à l'intervention des villes de Mayence, de Worms et d'Oppenheim, une transaction ou capitulation fut consentie de part et d'autre. Landau paya ou s'engagea de payer sa rançon à Spire, et en outre des 5500 livres-*Heller*, elle dut payer à l'empereur une somme moins considérable pour racheter ses fortifications. Ce dernier article fut stipulé en sa faveur par le landvogt d'Alsace. (3)

Il ne paraît pas que Landau se soit tenue pour complétement battue dès lors et ait, malgré ses malheurs, abandonné la cause de Frédéric-le-Bel. Jetant même de nouveau le gant à l'empereur bavarois, elle envoya son contingent grossir l'armée archi-ducale. Mais la bataille d'Amphingen, près Muhldorff, le 28 septembre 1322, ayant mis l'infortuné Anti-César au pouvoir de son rival, qui l'envoya dans les cachots du château de Traussnitz, le *vœ victis* sévit avec toute sa rigueur contre les partisans de Frédéric, et surtout contre Landau.

La mémoire de ce temps de calamité s'est conservée longtemps à Landau. Les gens de Spire et les officiers bavarois régnaient en maîtres absolus à Landau. Ils se plaisaient à faire supporter à la cité vaincue ces mille petites tyrannies, lâches et inutiles, qui ont rendu le nom de Gessler si exécré en Suisse. Non-seulement ils avaient désarmé les bourgeois, mais au mépris du rachat consenti en 1319 ils avaient, sinon entièrement rasé, au moins démantelé l'enceinte de la ville. Enfin ils s'efforçaient à force de vexations d'exciter des soulèvements qui pussent servir de prétextes à de nouvelles rançons. (4)

---

(1) LEHMANN, *Chron. Spir.*, p. 690.

(2) Lettre de Louis de Bavière à la ville de Strasbourg, datée de son camp près de Landau, le 6 des kalendes de septembre 1319, — dans SCHOEPFLIN.

(3) LEHMANN, *Chron. Spir.*, ibidem, et SCHOEPFLIN, *Alsat. ill.*, tom. II; — et BIRNBAUM, p. 90 et 473.

(4) BIRNBAUM, *Geschichte der Stadt Landau.*

Remarquons que ce furent un empereur du sang bavarois et la juridiction de Spire qui présidèrent ainsi à l'époque la plus douloureuse des annales de Landau, et aujourd'hui, au mépris de tous ces antécédents historiques, au mépris de toutes ces traditions, Landau a été cédé à un prince de Bavière et à la juridiction de Spire!

De 1322 à 1325, trois années écrites en caractères de sang dans les fastes de Landau, nous voyons la malheureuse ville se débattre sous une tyrannie non moins extravagante que cruelle. En 1324 l'impignoration de Landau à la ville de Spire n'ayant pas sans doute paru assez humiliante à l'empereur, il la transmit, moyennant nouvelles finances, à l'évêque de Spire, et cet évêque était l'ancien seigneur féodal de Landau, Emichon de Linange!

En 1325 il y eut un instant où les bourgeois de Landau crurent pouvoir respirer; ce fut lors de la réconciliation opérée par les soins du Pape Jean XXII entre Louis de Bavière et son prisonnier Frédéric-le-Bel d'Autriche. Ce dernier ayant été mis en liberté, plaida en effet, mais assez timidement, la cause de Landau auprès de son heureux rival. Le landvogt d'Alsace et les villes impériales de la landvogtey, conjointement avec les villes de Mayence, Worms et Oppenheim, intervinrent avec plus de décision; grâce à cette intervention l'empereur, tout en maintenant ses impignorations, se réserva le tribunal provincial établi à Landau, ce qui sauvait la ville impériale d'un retour complet au régime féodal d'avant Rodolphe de Habsbourg.

Un des affronts les plus cruels sans doute au cœur des habitants de Landau fut celui de la stipulation impériale qui les assimilait aux juifs de Spire et les engageait en même temps que ces derniers à l'évêché de Spire. Par un acte de 1338 Louis de Bavière décida même que Landau ne pourrait être racheté à part et devrait suivre le sort des juifs. (1)

Ainsi toujours la suprématie soit de Spire soit de l'évêque de Spire et toujours même haine de Louis de Bavière pour la ville impériale de Rodolphe de Habsbourg!

Ce n'est pas tout: En 1343 l'empereur Louis qui avait impignoré Anweiler et Trifels à ses agnats les comtes palatins, leur impignora

(1) Simonis, *Beschreibung aller Bischoffen zu Speyr*, p. 116, et Lehmann, *Chron. Spir.*

aussi le droit de rachat de Landau. (1) La ville est ainsi ballottée en quelque sorte entre l'évêché de Spire et les comtes palatins, elle tombe de Charybde en Scylla, elle passe de main en main comme ces juifs au sort desquels elle est liée, aujourd'hui cédée à une ville rivale, à Spire, demain à Emich de Linange, évêque de Spire, après-demain aux comtes palatins, et toujours par le fait de l'empereur Louis de Bavière !

Cependant on cite un titre attribué à Louis de Bavière, mais dont il ne reste qu'une copie sans caractère d'authenticité et d'après lequel ce prince aurait, en 1346, pardonné à Landau qu'il aurait même voulu rétablir dans ses immunités. (2) Ce pardon, s'il fut octroyé par Louis de Bavière, ne pouvait être qu'un pardon *in articulo mortis*, une velléité de miséricorde plutôt qu'une réparation véritable, l'empereur étant mort peu après, en 1347, au milieu de ses préparatifs de guerre contre Charles de Luxembourg, roi de Bohême. Il est possible que cet acte ait été inspiré par le désir de rallier Landau à sa politique et de l'empêcher de se jeter dans les bras du fils du roi de Bohême, Charles de Moravie, élu malgré lui roi des Romains en 1346.

Ce dernier ayant pris possession du sceptre impérial, sous le nom Charles IV, ne se montra pas plus favorable à Landau que son prédécesseur. Comme prince de la maison de Luxembourg, il ne devait pas avoir plus de sympathie que les princes de la maison palatine pour les clients de la maison d'Autriche. Aussi se borna-t-il à défaire l'impignoration éventuelle de Landau au comte palatin du Rhin et à réengager purement et simplement cette ville à l'évêché de Spire. (3) Mais sous Charles IV, empereur plus érudit qu'énergique, et plus occupé de ses possessions héréditaires que des intérêts de l'empire, les villes impériales purent en général étendre assez facilement leurs libertés, et Landau profita de ce laisser-aller du monarque pour essayer de ressusciter quelques unes des siennes. Sans s'aventurer à rompre ouvertement ses liens de vasselage ou de gage féodal avec l'évêché de Spire, la ville obtint, par l'entremise de Jean de Lichtenberg, évêque de Strasbourg, landgrave de la Basse-Alsace et

---

(1) *Electa juris publici Palat.*, part. II, p. 158.

(2) LUNIG, *Reichs-Archiv.*, p. 1282.

(3) SCHOEPFLIN, *Als. Dipl.*, tome II, p. 192.

landvogt d'Alsace, la permission de relever ses murailles, et la consolation d'être administrée et jugée par un *Unter-vogt* et *Schulteiss* pris dans son sein, quoique délégué par l'évêque de Spire au nom de l'empereur. [1]

L'année 1348, qui suivit l'avénement de Charles IV ou plutôt son usurpation, car il ne fut définitivement reconnu qu'après la mort de son brave et malheureux rival Gonthier de Schwartzbourg, cette année 1348 si fatale aux juifs de l'Allemagne, a laissé aussi sa tache de sang dans les annales de Landau.

Les juifs, surtout depuis l'impignoration de Louis de Bavière, y étaient devenus nombreux et surtout fort riches. Ils égalaient presqu'en nombre les bourgeois, et les surpassaient de beaucoup en fortune. Ce n'est pas un des traits les moins curieux de ce temps que la multiplication prodigieuse et l'excessive richesse des juifs dans les villes d'empire. Tantôt ces villes elles-mêmes, tantôt les empereurs ou leurs tenanciers leur vendaient à beaux deniers comptants un droit plus ou moins long de résidence; c'était à qui les attirerait chez soi, ces parias de l'Occident, non certes pour les fêter mais pour les exploiter et les rançonner après les avoir d'abord laissés se gorger d'usures. Le jour de compte ou d'échéance venu, on se souvenait tout-à-coup qu'ils étaient juifs, mécréants et maudits, on menaçait de les expulser, et comme les expulser des villes c'était les envoyer pourrir dans les oubliettes des *burgs* du voisinage, presque toujours on réussissait grâce à ces menaces à se faire donner une part de l'argent amassé aux dépens des chrétiens, et à leur revendre plus cher un nouveau droit viager d'asile. Si, en outre, comme en 1348 et 1349, une contagion sévissait dans le pays, si la peste noire, ce choléra du moyen-âge, frappait à la fois les corps et les imaginations, ce n'était plus seulement à leur bourse qu'on en voulait, c'était à leur vie. Alors on s'ameutait, on les accusait d'avoir empoisonné les puits, d'avoir exercé la magie, d'avoir commis les plus extravagants sacriléges, puis on faisait main-basse sur eux, ou on dressait des bûchers sur les places publiques, et on leur criait: Choisis, chien, d'y jeter ton titre de créance ou d'y être jeté toi-même. Telle était l'opiniâtreté d'avarice presqu'héroïque de quelques uns de ces mal-

---

(1) SCHOEPFLIN, *Als. ill.*, tom. II, et BIRNBAUM, *Geschichte der Stadt Landau*, page 92.

heureux que parfois ils préféraient ce dernier parti. Ce qu'il y a de plus étrange c'est que ces infortunés se soient laissés si souvent et si longtemps prendre à cette glu toujours la même, c'est qu'ils soient revenus d'eux-mêmes aux lieux où ils avaient le plus souffert, aux lieux remplis pour eux des plus funèbres souvenirs, c'est qu'après les persécutions ou les sévices des onzième et douzième siècles, après les mises à rançons et les avanies du treizième siècle, après les massacres du quatorzième siècle, ils aient recommencé, comme si de rien n'était, à faire l'usure précisément sur les points où leurs usures précédentes avaient été le plus cruellement châtiées et expiées. Il est impossible d'expliquer tant de confiance imbécile ou obstinée autrement que par l'amour du gain, à moins que les héritiers des victimes n'aient considéré leur retour aux endroits les plus arrosés du sang de leurs pères comme une sorte de défi tacite entr'eux et les descendants des persécuteurs; cette race d'Israël, que les bourgeois des villes et les châtelains méprisaient tant, voulait peut-être, au prix de nouveaux dangers, se venger d'eux en les ruinant?

A Landau en 1348 et 1349 les juifs ne furent pas autant qu'ailleurs des victimes passives. Nous avons vu qu'ils étaient égaux en nombre aux bourgeois. Cette égalité de bras leur avait inspiré un courage insolite. Ils s'étaient munis d'armes, organisés presque militairement, et ils avaient barricadé non-seulement leurs maisons mais le quartier où ils tenaient leurs boutiques et leurs dépôts sur gages. Lorsque le tocsin d'extermination vint à sonner, ils se trouvèrent donc prêts à repousser la force par la force, et ils firent bonne contenance. Mais en même temps, plus confiants en leur or qu'en leurs armes, ils dépêchèrent secrètement un des leurs vers l'empereur Charles IV afin d'obtenir, et au besoin d'acheter, la protection du Saint-Empire. Soit grâce à cette protection, soit grâce à leur attitude vigoureuse ils échappent en effet aux fureurs populaires de 1348, sauf quelques rixes isolées, mais en 1349 la haine de la bourgeoisie, excitée comme partout alors dans la haute Allemagne par les exemples fanatiques des flagellants, ne connaît plus de bornes. La guerre civile, car à Landau l'émeute contre les juifs prend les proportions d'une lutte régulière, recommence donc avec une rage égale de part et d'autre, le sang coule, les tribus bourgeoises pressent vivement l'attaque, les juifs de leur côté se défendent énergiquement. Ils parviennent à faire traîner le siége en longueur, et en attendant le retour de leurs émissaires ils savent tenir en échec les assaillants. Le nombre de ceux-ci augmente pourtant chaque jour, car les villes voisines fournissent leurs contingents aux bourgeois de Landau et un ennemi plus terrible encore, la famine, décime les assiégés. Encore quelques heures et il faudra mourir de faim ou se livrer aux bourreaux, lorsqu'un sauveur arrive tout-à-coup aux juifs, et le sauveur le plus inespéré. C'est l'évêque de Spire en personne, Emichon de Linange auquel l'empereur Charles IV a confié la mission de venir en aide aux juifs de Landau. (1) Il est probable que l'évêque n'aurait pas attendu l'ordre de l'empereur pour se donner cette mission, car l'évêché de de Spire se distingua toujours par ses habitudes de mansuétude en faveur des juifs. Remarquons à cette occasion combien il est injuste d'attribuer les massacres des juifs en 1349 et en général leurs persécutions pendant le moyen-âge à l'influence du clergé. En effet ce n'est pas seulement à Landau que le clergé s'est montré miséricordieux pour les pauvres juifs. Il ne faut pas confondre avec l'Eglise cette aggrégation et, l'on a le droit de dire, cette secte des *flagellants* que presque tous les évêques censurèrent, que la bulle du Pape Clément VI du 10 octobre 1349 condamna solennellement, et dont le fanatisme extravagant allait jusqu'à la révolte contre les pouvoirs politiques et religieux. Les flagellants ne furent pas d'ailleurs les auteurs directs du massacre des juifs en 1349. Ils se frappaient eux-mêmes plus qu'ils ne frappaient les autres, mais il est vrai qu'ils apprenaient au peuple à voir et à faire couler le sang pour le rachat des péchés ou plutôt pour obtenir la fin de la peste. A Strasbourg, par exemple, le massacre des juifs venait d'avoir lieu lorsque les flagellants entrèrent dans la ville; ils marchaient en quelque sorte dans le sang de ces victimes du peuple et ils mêlaient à ce sang leur propre sang, qui ruisselait de leurs épaules sous les coups répétés des fouets garnis de nœuds à pointes de fer dont ils se déchiraient à tour de bras. (2)

Oui quant à la prétendue complicité du clergé lors des crimes commis contre les juifs en 1349 l'histoire consciencieuse doit protester. N'avons-nous pas vu de nos jours, dans la capitale même de la civilisation moderne, à Paris, des malheureux assassinés pendant

(1) Archives de Hartenbourg, lettre autographe de Charles IV.

(2) Voyez la chronique de CLOSENER.

l'invasion du choléra de 1832 sous le stupide prétexte d'empoisonnement des fontaines et du pain et des viandes de boucheries? Certes le fanatisme religieux n'était pour rien dans ces atrocités. Est-il étonnant que pendant le moyen-âge la même féroce stupidité ait voulu rendre responsable des malheurs de la peste les juifs, ces trafiquants toujours étrangers au milieu des populations chrétiennes, ces forains enrichis, habitués à supporter toutes les avanies en vue du lucre, ces âpres détenteurs sur gages, séparés de la race de leurs débiteurs par les préjugés, par les mœurs, par la croyance, par le langage, et jusques par l'habit! Cessons donc d'ajouter une foi aveugle à ces déclamations du dernier siècle qui veulent rendre le clergé solidaire de tous les fanatismes du moyen-âge. Bien loin de s'être associés aux fureurs populaires de 1349 les évêques et les prêtres ont, comme nous venons de le voir pour Landau, pris la défense des victimes de ces fureurs, et si partout ils n'ont pas réussi à les préserver, du moins partout ils ont essayé d'arrêter les bras des meurtriers en leur rappelant l'exemple du Divin Supplicié qui sur la croix pardonnait à ses bourreaux.

Le résultat de la guerre des juifs à Landau fut leur expulsion générale de la ville et leur translation à Spire où ils étaient davantage à portée de la protection épiscopale. Mais les bourgeois de Landau ne tardèrent pas à les regretter, et près de deux siècles après, en 1517, (1) nous les verrons solliciter comme une grâce de l'empereur Maximilien Ier la faculté de les recevoir de nouveau en leurs murs.

La peste de 1313 qui enleva à Strasbourg 13,000 âmes, à Cologne 30,000, à Trèves 13,000, à Mayence 16,000, à Bâle 14,000, à Worms 6,000, et à Spire 9,000 âmes, fut avec celle de 1348 une autre cause de dépopulation pour Landau; on attribue à plus de la moitié du nombre total des habitants les victimes de ces deux pestes et de l'horrible famine qui les accompagna. (2)

Pour qui ose se plonger dans le sombre chaos des inféodations et des engagements du quatorzième siècle il ressort bientôt cette vérité que nulle part les divisions territoriales n'étaient bien tracées, non plus que les limites entre les diverses juridictions. C'était un imbroglio permanent de droits presque toujours contradictoires, de telle sorte

---

(1) SCHOEPFLIN, *Alsat. illust.*, tome II, — *Landau.*

(2) BIRNBAUM, p. 122.

que la même localité pouvait être à la fois aux mains de divers maîtres, pouvait être tout ensemble terre immédiate et terre seigneuriale, aleu, fief et sous-fief, ville impériale et marchandise donnée en gage.

Depuis le grand interrègne du siècle précédent chacun avait continué à tirer à soi; les comtes, les dynastes, les châtelains, les villes et les abbayes ne cessaient plus de viser à l'indépendance, de chercher à étendre leur territoire et leurs franchises, à se libérer des obligations féodales et à en imposer à de plus faibles, d'empiéter sur le droit du voisin, de passer suivant l'intérêt du moment d'un suzerain à un autre, de se déprovincialiser en un mot pour devenir individu, burgrave, république ou ganerbinat.

Ce fut pour obvier autant que possible à cette anarchie que les landvogts impériaux reçurent à partir du règne de Rodolphe de Habsbourg des pouvoirs plus étendus, plus spéciaux, et pour ainsi dire plus légaux. Ils devaient être non seulement les juges ou grand'-justiciers de l'Empire dans le rayon de leur juridiction, mais les gardiens de l'immédiateté des villes, les médiateurs de toutes querelles féodales, les conservateurs de l'autorité impériale au sein de cette décentralisation excessive qui allait minant de plus en plus l'Empire.

L'institution était bonne en principe, malheureusement elle fut très-vite dénaturée et viciée par l'usage des engagements ou des charges hypothéquées, par ce besoin de battre monnaie avec tout ce dont ils pouvaient encore disposer qui était devenu la fatalité des empereurs élus.

Landau fut une des villes qui eut le plus longtemps à souffrir d'un état de choses dont ne profitait guères que la force brutale. Placée à l'extrême limite de deux provinces, l'Alsace et le Palatinat, et de deux comtés, le Nordgau et le Spiregau, cette ville flottait en quelque sorte entre les juridictions rivales, pas assez pour s'en affranchir mais assez pour avoir à les supporter toutes à la fois ou alternativement, moins heureuse sous ce rapport que ces territoires contestés entre l'Angleterre et l'Ecosse dont Walter Scott nous a donné le pittoresque tableau.

Cependant entre ces juridictions qui se coloyaient si près d'elle, il en était une que dès lors elle préférait et vers laquelle tendaient tous ses efforts, c'était celle du landvogt d'Alsace qu'elle tâchait de substituer autant que possible à l'évêque de Spire et au comte palatin du Rhin.

En 1361 la ville avait obtenu de l'évêque de Spire, Gerhardt d'Ernberg, et grâce à l'intervention de l'un de ses *castrenses*, Burckhard, burgrave de Madenburg, landvogt d'Alsace, l'adjonction à ses douze échevins de vingt-quatre conseillers de ville ou sénateurs élus chaque année par les tribus. Ces sénateurs ne devaient s'occuper que des affaires administratives, la justice restant dévolue aux seuls échevins sous la présidence du *schultheis* impérial nommé par l'évêque. Ce tribunal s'appelait *Schœffen-Rath* ou *Ober-Gericht;* il était en quelque sorte un tribunal d'appel, quoiqu'il eût le droit de juger en première instance, si l'accusé niait le fait qui lui était imputé. Dans le cas au contraire où l'accusé avouait de suite, le jugement était rendu par le *Schultheis* assisté de deux échevins seulement, et dans ce cas le tribunal se nommait l'*Unter-Gericht.* [1] Si la cause était au-dessous de dix florins, le *Schultheis* jugeait seul. Il y avait en outre un tribunal subsidiaire en cas de non exécution immédiate à l'échéance des termes fixés par les sentences de l'*Unter-Gericht.* C'était le tribunal dit *Voll-Gericht* ou *Volzogungs-Gericht*, qui se réunissait d'urgence et prononçait au besoin la réduction en un terme des trois termes fixés par l'*Unter-Gericht.* Il suppléait en quelque sorte l'*Ober-Gericht*, du moins quant au prompt exécutoire. On pouvait appeler des jugements de ces tribunaux devant la Cour suprême de l'Empire. [2]

C'était ce *Schultheis* impérial qui, depuis l'engagement de Louis de Bavière, pesait le plus au cœur des bourgeois de Landau, car, au lieu d'être d'investiture directe de l'empereur, il était nommé par l'évêque de Spire et presque toujours, surtout dans les commencements, choisi parmi les bourgeois de Spire ou les seigneurs du voisinage. En 1374 nous voyons Adolphe, évêque de Spire, nommer *Schultheis* de Landau un chevalier nommé Conrad Schnidelauch; il est ou il paraît être le premier habitant de Landau promu à ces fonctions depuis l'engagement de la ville à l'évêché de Spire.

Le quatorzième siècle ne fut pas seulement malheureux pour la jeune indépendance ou les velléités d'indépendance de Landau, il porta aussi malheur à la ville sous d'autres rapports. Ainsi, indépen-

---

(1) Schœpflin, *Alsat. illust.*, tome II, — *Landavia.*

(2) *Statt Landau erneuert Gerichtsordnung.* — Spire, 1654.

damment des deux pestes de 1313 et de 1349, il fit subir à Landau deux tremblements de terre, l'un en 1356 et l'autre en 1364. (1) Il est assez probable que la tour de la primitive église due aux Augustins, souffrit de l'un ou l'autre de ces tremblements de terre, à moins que cette tour n'ait été déjà renversée lors du tremblement de terre du siècle précédent, en 1289. L'inscription placée sur la porte de la tour rappelant la date de 1349, on pourrait conjecturer que, commencée à cette dernière date, elle ne fut achevée dans sa partie actuellement la plus ancienne qu'à la fin du quatorzième siècle et après le tremblement de terre de 1364.

La grande ligue des villes impériales du Rhin et de Souabe, qui en 1382 se forma contre les princes de l'Empire, avait paru aux bourgeois de Landau une bonne occasion de se débarrasser de la tutelle de l'évêché de Spire et de rompre au besoin en visière à l'évêque engagiste. Ils se hâtèrent donc d'envoyer leurs députés à l'assemblée générale de Constance, et ceux-ci furent admis à y siéger au rang des villes impériales simples, qui venaient après les villes impériales libres. Déjà en 1349, puis en 1367 Landau avait obtenu de l'empereur Charles IV le privilége de non-évocation (2) et celui de ne voir citer ses bourgeois devant aucun autre juge que le *Schultheis impérial* de la ville. C'était peu sans doute pour une cité à laquelle Rodolphe de Habsbourg avait naguères octroyé les mêmes droits qu'à Haguenau, mais enfin c'était un retour à un peu plus d'indépendance. Malheureusement sa tentative de participation à la ligue de 1382 devait être funeste à la ville. Elle avait pourtant plus de motifs que beaucoup d'autres villes pour vouloir en finir avec les petites tyrannies seigneuriales qui l'entouraient, et la tenaient comme dans un réseau, car nulle part les seigneurs et les châtelains du pays rhénan ne commirent plus d'excès de pouvoir, plus de déprédations, plus d'attaques de grandes routes, et plus d'actes outrageants pour les bourgeois impériaux qu'aux environs de Landau, de Spire, de Worms et de Mayence. C'était pis que pendant le grand interrègne du siècle précédent; tout commerce était interrompu d'une ville à l'autre; toute promenade hors des murs exposait à être surpris par les hommes d'armes des seigneurs, emmené prisonnier, enfermé dans

---

(1) SCHOEPFLIN, *Als. ill.*, tome II, page 351.

(2) SCHOEPFLIN, *Als. ill.*, tome II, *Landau.*

quelque donjon, et rançonné, et parfois mis à mort en cas de non-paiement de la rançon. Et tandis que les châtelains faisaient ainsi sur les routes, sous prétexte de droits de péage, le métier de brigands, les suzerains et les seigneurs puissants venaient frapper parfois des contributions jusque dans les villes mêmes au mépris des priviléges concédés par l'empereur. Les souffrances de Landau augmentèrent encore, lorsqu'après leurs défaites de Weyl et de Worms, les villes impériales furent obligées de se soumettre et de recourir en désespoir de cause à la protection de l'empereur Wenceslas. Ce monarque, dont la maladroite politique avait soufflé le feu de la guerre civile afin de réduire à la fois et de détruire l'un par l'autre les deux partis, dominé désormais par la victoire des princes, n'intervint que faiblement en faveur des villes, les laissant mettre de nouveau à rançon, et confirmant sans vergogne les engagements anciens, même ceux dont les paiements avaient eu lieu aux échéances stipulées. Landau se trouva donc à la fin du quatorzième siècle plus abandonné que jamais au gantelet de fer du comte-évêque de Spire.

Le siècle suivant ne se montra pas, surtout dans la première partie de son cours, plus favorable à la ville de Landau. Il lui fallait toujours obéir à l'évêque de Spire en sa qualité de tenancier ou de bénéficier de l'engagement consenti par Louis de Bavière. Néanmoins, toute engagée qu'elle était à un prince ecclésiastique, la ville impériale sut faire valoir son droit de suffrage dans les diètes, et ce malgré l'opposition de l'évêque de Spire, qui prétendait avoir seul le droit de la représenter.

Après la déposition de Wenceslas l'élévation à l'Empire du comte palatin Robert ne pouvait être que préjudiciable aux tendances d'émancipation de Landau, car elle mit la landvogtey d'Alsace aux mains de la maison palatine. Déjà Louis de Bavière avait en 1341 institué landvogt d'Alsace son fils Etienne, et en 1354 la landvogtey avait passé aux mains de Robert, électeur palatin. Mais ces deux prises de possession de la maison de Bavière n'avaient été que temporaires ou viagères, et dès 1356 Charles IV lui avait retiré le protectorat des villes impériales d'Alsace. Robert, en donnant à vie la landvogtey à son fils Louis-le-Barbu, électeur palatin, privait donc Landau de ses protecteurs naturels ou préférés, les landvogts d'Alsace indépendants des Palatins. Néanmoins la possession de la charge de landvogt d'Alsace par la maison palatine, possession qui dura pendant tout le quinzième siècle à partir de l'an 1408, eut au moins cet avantage pour Landau de confondre dans les mêmes mains les prétentions opposées des possesseurs du Palatinat et de la landvogtey d'Alsace, et de confondre aussi sur ce point les limites des deux provinces, la maison palatine, n'ayant plus autant d'intérêt à maintenir la démarcation des deux juridictions.

Déjà auparavant, sous l'empereur Henri VII, la charge de landvogt d'Alsace confiée successivement en 1308 et en 1311 à Syboth de Lichtenberg, évêque de Spire, et à Godefroi, comte de Linange, avait contribué à donner moins d'importance à la question des limites, et à rapprocher en quelque sorte la *Queich* et la *Lauter* de la *Seltz* et de l'*Ill*, rapprochement plus complet encore lorsque, sous Frédéric-le-Bel, son landvogt d'Alsace, Otton d'Ochsenstein, établit sa résidence à Landau. (1)

Sous ce rapport aussi la charge d'*Unter-Landvogt* d'Alsace confiée, à cette première époque de la possession héréditaire palatine, à Schwartz-Reinhardt de Sickingen dut plutôt effacer que tracer de nouveau les limites entre le Nordgau et le Spiregau.

Le règne de Sigismond diminua d'abord quelque peu la puissance palatine en Alsace, et s'il ne retira pas à cette maison les droits et les principales prérogatives de landvogt, il entreprit un instant de les amoindrir en désignant lui-même l'*Unter-Landvogt* au lieu de le laisser désigner comme c'était l'usage par le landvogt. C'était pour l'empereur reconquérir, autant qu'il le pouvait sans bourse délier, une action directe sur l'Alsace, d'autant plus qu'il retira en même temps à l'électeur palatin, landvogt d'Alsace, la délégation impériale pour l'arbitrage des prétentions féodales, charge qui était distincte de celle de landvogt de Haguenau, quoique presque toujours réunie dans les mêmes mains. C'est en effet à titre de délégué direct de l'empereur que nous voyons l'*Unter-Landvogt* d'Alsace, Bernard d'Eberstein, conclure en 1415 la transaction entre Nicolas-Bernard Zorn de Bulach et Walther Erb, seigneur de Graffenstaden. (2) Cette délégation directe de l'empereur n'a pas d'ailleurs empêché Louis-le-Barbu d'accréditer à son tour auprès des villes d'Alsace ce même

(1) LEHMANN, *Chron. Spir.*, p. 297, et CROLLIUS *in Annviller*, p. 39.

(2) LUNIG, *Reichs-Archiv.*, et SCHOEPFLIN, tom. II.

*Unter-Landvogt*, Bernard d'Eberstein, comme nous l'apprend Schœpflin. (1)

Mais Sigismond était trop besogneux pour ne pas faire argent de la landvogtey d'Alsace, et ne pas annihiler ainsi lui-même ses efforts pour y diminuer le pouvoir des Palatins. Il lui fallait des fonds pour son expédition d'Italie au secours du pape Jean XXIII. Il engagea donc la landvogtey à l'électeur palatin, d'abord en 1413 pour 25,000 livres florins du Rhin et en 1423 pour 50,000. Grâce à ce beau trafic les villes impériales et les seigneuries immédiates de l'Alsace ne se trouvèrent plus que de nom relever directement de l'empereur.

Il ne paraît pas que l'Empire rentré, après la mort de Sigismond, dans la maison d'Autriche par l'élection d'Albert II ait apporté quelque soulagement à la position de Landau. Son règne si court peut expliquer cet abandon d'une cité cliente si dévouée de sa maison, mais le long règne suivant, celui d'un autre archiduc d'Autriche, de l'empereur Fréderic III (ou Fréderic IV si l'on admet au nombre des empereurs l'ancien ami de Landau, Frédéric-le-Bel, compétiteur de Louis de Bavière) n'a pas la même excuse à fournir pour le refus de racheter Landau à l'évêché de Spire. La nécessité de ménager les princes de l'Empire et surtout les princes ecclésiastiques du Rhin ne permit pas sans doute à ces deux empereurs du sang des Habsbourg, de donner cours, en faveur de cette ville, à la politique traditionnelle de la maison d'Autriche. D'ailleurs pour que Landau retrouvât toutes ses franchises du temps de Rodolphe de Habsbourg, il aurait fallu non seulement racheter la ville à l'évêché de Spire, mais racheter la landvogtey d'Alsace à l'électeur palatin. C'était trop demander à un prince faible et avare comme le second empereur Frédéric III, cet homonyme si prosaïque du chevaleresque Frédéric-le-Bel de 1320.

Ce n'est pas que l'envie de reprendre la mouvance de la landvogtey d'Alsace ait manqué au successeur d'Albert II. Malheureusement c'étaient des velléités plus que de la volonté, des projets, des demi-mesures plus que de l'action. Au nombre de ces velléités on peut ranger l'encouragement donné par l'empereur à la ville de Landau (2) pour adhérer en 1462 à la ligue des villes et des dynastes de l'Alsace contre la compétence des tribunaux westphaliens, ces fameux comités

---

(1) SCHŒPFLIN, *Alsat. ill.*, tome II. Landvogts de la période palatine.

(2) SCHŒPFLIN, *Als. ill.*, tome II. *Landau*

de salut public qui prétendirent tenir de Charlemagne le droit de juger et de condamner en secret et sans appel.

Le même empereur avait même osé retirer sans rachat la landvogtey à l'életeur palatin Frédéric-le-Victorieux et la donner à Louis-le-Noir, duc de Deux-Ponts, tandis qu'il invitait les villes d'Alsace, et entr'autres Landau, à secouer le joug de l'électeur palatin. Mais bientôt Louis-le-Noir, abandonné à ses propres forces par l'empereur, dut recéder la landvogtey d'Alsace à l'électeur Frédéric, laissant les villes qui avaient pris son parti se dépêtrer comme elles pourraient.

Peu de temps auparavant la ville de Landau avait été entraînée par l'évêque de Spire à la guerre contre le même électeur à l'occasion de l'anathême lancé par le pape Pie II contre l'archevêque de Mayence Thierry d'Isenbourg, allié de Frédéric-le-Victorieux. Les batailles de Seckenheim et de Giengen ayant donné raison à ces derniers contre l'empereur et le pape, Landau dut se soumettre comme les autres villes de la landvogtey à la maison palatine, malgré les négociations, assez timides d'ailleurs, renouvelées encore par l'empereur en 1471, 1473 et 1474 pour reprendre la landvogtey d'Alsace.

Les faits particuliers à Landau pendant cette période sont assez clairsemés. Il ne paraît pas que la ville ait eu plus à souffrir des Armagnacs, en 1444, que des compagnies anglo-gasconnes, en 1390. Mais cette année 1444 fut marquée à Landau par un tremblement de terre qui se renouvela en 1459. [1] Dans la première moitié de ce même siècle la ville avait acquis l'hypothèque du château de Madenburg situé sur l'un des contreforts du *Rodenberg*, à une lieue et demie de Trifels au-dessus du village d'Eschbach, que les comtes de Linange avaient donné en gage aux sires de Sickingen et de Fleckenstein. [2] Ce château, chef-lieu de l'un des bailliages épiscopaux de Spire et dont les ruines sont fort dignes d'intérêt, paraît avoir été un de ces ganerbinats que les *Burgmaenner* ou *Castrenses* de Landau tinrent successivement et parfois simultanément de la maison de Linange, de l'Empire, de la maison palatine, de l'évêché de Spire et de la ville de Landau elle-même. On pourrait s'étonner que, quoiqu'engagée à cette époque, la ville ait pu acquérir pour son propre compte le gage de Madenburg, mais ces anomalies se rencontrent

---

(1) SCHOEPFLIN, *Alsat. illustr.*, tom. II, p. 351.

(2) Ibidem, (terres de l'évêché de Spire).

fréquemment dans l'histoire du quinzième siècle. Et ce n'est pas le seul contraste de ce genre qu'offrent les annales de Landau. Au surplus cette ville n'usa de son hypothèque sur le château de Madenburg que pour la céder à la famille de Landeck, originaire d'un château voisin de Madenburg. Ce château de Landeck était un fief d'Ochsenstein, mi-partie de mouvance palatine et mi-partie de l'abbaye de *Klingen* ou *Klingen-Munster*. (1) C'est ce qui explique comment Madenburg une fois en la possession des Landeck devint aussi fief sans doute oblat de *Klingen-Munster*. Madenburg était en 1498 possédé par les nobles de Heydeck, soit par suite d'extinction des Landeck, soit par indivis avec ces derniers, et ce sous la suzeraineté de l'évêché de Spire. (2)

Ce fut encore dans ce même siècle que la ville acquit le domaine de *Queichheim* qui jusqu'en 1464 était sous le patronage de l'électeur palatin quoique donné dès 1294 par Adolphe de Nassau au monastère des Augustins de Landau. Il semble que l'acquisition de *Queichheim* par la ville n'ait servi d'abord à cette dernière qu'à engager le domaine aux mains de son propre engagiste, ce qui faisait de ce dernier à la fois le suzerain et le tenancier de Landau. Du moins Schœpflin rapporte qu'en 1465 Landau donna pour vingt ans *Queichheim* en gage à l'évêché de Spire. (3) La bulle de 1483, par laquelle Sixte IV convertit le monastère des Augustins de Landau en collégiale, (4) paraît n'avoir pas été étrangère à cette translation des droits des Augustins sur *Queichheim* à la ville elle-même.

Lors des démêlés de Raban de Helmstadt, évêque de Spire, avec sa ville épiscopale, Landau, toujours empressée de saisir toutes les occasions de s'affranchir de la suprématie temporelle de l'évêché de Spire, avait fait cause commune avec les ennemis de Raban, dont elle avait chassé le prévôt (*Unter-Vogt*) quoique Raban de Helmstadt fût agnat d'une des familles patriciennes de Landau. Irrité de cette rébellion, le belliqueux prélat se porta sur Landau, après avoir préalablement lancé ses foudres spirituelles contre les habitants. Il fallut

---

(1) SCHŒPFLIN, *Alsat. ill.*, tom. II. *Familles éteintes*, par. 440, et *Domaines des villes libres*, par. 506.

(2) Ibidem.

(3) Ibidem, par. 506.

(4) ibidem. Par. 730.

pour fléchir Raban que le sénat de Landau vint la corde au cou aux portes de la ville lui en présenter les clés. (1) Cette attitude de la magistrature landavienne ne témoignerait pas beaucoup en faveur du courage des bourgeois si selon toute apparence elle n'avait été inspirée par un sentiment de piété plutôt que par la crainte des armes temporelles de l'évêché de Spire. L'évêque, en effet, désarmé par leur humilité chrétienne, releva les bourgeois de l'excommunication.

La prise d'armes générale des villes et des seigneurs de l'Alsace contre Charles-le-Téméraire, nous fait voir vers la fin de ce même quinzième siècle le courage des bourgeois de Landau sous un jour plus brillant. De nombreux volontaires de cette ville s'étaient joints à ces braves milices de Strasbourg, de Colmar, de Mulhouse, de Haguenau et des autres villes de la ligue d'Alsace qui combattirent si vaillamment les Bourguignons devant Neuss et dans les champs de Nancy. (2)

## AGE DE L'INDÉPENDANCE.

Enfin en 1493, un autre descendant de Rodolphe de Habsbourg, plus digne du chef de la maison d'Autriche que son prédécesseur, est appelé au trône impérial. Maximilien Ier, brave, juste, généreux, chevaleresque, ami de cette Alsace qui fut le premier théâtre de l'illustration de ses ancêtres, ami des villes impériales qui sont la dernière force des empereurs contre les princes de l'Empire, se charge enfin de compléter le bienfait du grand Rodolphe, et de restituer à Landau ses destinées déjà promises en quelque sorte dès l'année 1291.

La mort de George-le-Riche, dernier duc de Bavière de la branche de Landshut, avait amené une guerre entre ses deux plus proches héritiers, l'électeur palatin du Rhin Philippe-l'Ingénu et Albert de la branche de Bavière-Munich. Maximilien se prononce en faveur de ce dernier et met l'électeur palatin au ban de l'Empire. Il appelle en même temps toutes les villes impériales du Rhin à prendre les armes contre le prince rebelle. Landau n'eut garde de ne pas répondre à cet appel impérial. Son engagiste héréditaire, l'évêque de Spire, Louis

(1) BIRNBAUM, *Geschichte der Stadt Landau*, p. 95.

(2) Archives de Landau, et STETTLER, *Nüchtland*, lib. v.

de Helmstadt, était du parti de l'électeur palatin. Quelle bonne fortune pour la cité impatiente du joug de l'évêché de Spire ! Elle chasse aussitôt de ses murs l'*Unter-Vogt* épiscopal, et la voilà qui fait cause commune avec Maximilien d'Autriche substitué lui-même, de son propre chef, à l'électeur palatin Philippe comme landvogt d'Alsace, et ayant pour son unter-landvogt dans la province le baron de Mœrsperg ou Morimont. (1)

Cependant l'évêque de Spire ne se tenait pas pour battu. Aidé par le Palatin il arme à son tour. Dans ce siècle d'acier les princes ecclésiastiques ne portent pas vainement un casque sur leur mître et une armure de chevalier sous leur manteau épiscopal : Philippe de Rosenberg, successeur de Louis de Helmstadt, se met donc en campagne pour aller réduire Landau, mais l'empereur Maximilien en personne vient au secours de la ville, il y fait son entrée le 24 avril 1508, à la tête de quatre cents lances, et il ordonne à l'évêque de Spire de poser les armes, déclarant nul pour l'avenir, sauf finances de rachat, l'engagement de Landau consenti plus de 180 ans auparavant par Louis de Bavière à l'évêché de Spire.

Cette visite de Maximilien fut pour Landau l'occasion de liesses et de fêtes semblables à celles faites précédemment pour Rodolphe de Habsbourg, Adolphe de Nassau et Frédéric-le-Bel d'Autriche. Le duc de Milan, le margrave de Brandebourg, les évêques de Bâle, de Strasbourg et de Worms avaient accompagné ou rejoint l'empereur à Landau, où il occupa la maison d'Ehrardt de Helmstadt, (2) un des patriciens de la ville.

L'accueil fait en cette circonstance par les bourgeois de Landau à Maximilien Ier et à sa brillante suite ne fut pas perdu. En 1509, informé que l'évêque de Spire menace de nouveau la ville de Landau, l'empereur écrit d'Italie à son unter-landvogt d'Alsace, Gaspard de Mœrsperg, de la prendre sous sa protection spéciale et de la défendre à outrance, s'il le faut. (3) En 1511, par lettres du 13 janvier, il est plus explicite encore et stipule un prix de rachat à payer à l'évêque de Spire, moyennant quoi la cité de Landau, située en Basse-

(1) SCHŒPFLIN, *Als. ill.*, tome II, Landvogts d'Alsace, et SIMONIS, ***Beschreibung aller Bischoffen zu Speyr***, p. 190.

(2) ***Actes du sénat de Landau***, vol A.

(3) LUNIG, *Reichs.-Arch.*, IV, lib. I, p. 1283, num. 3.

Alsace, doit faire à jamais retour à l'immédiateté impériale. « *Als wir die Stadt Landaw in under Elsass gelegen, wiederumb an uns, u. das H. Reichs als ihr recht Herrschafft, bracht.* » (1)

L'histoire doit consigner à l'honneur du patriotisme des bourgeois de Landau que ce prix de rachat fut aussitôt couvert par les dons volontaires et empressés de chaque habitant, tant ils avaient tous hâte de déchirer ce contrat odieux qui depuis près de deux siècles les soumettait au prince ecclésiastique de Spire. Aussi le 19 avril de la même année, six jours seulement après le diplôme de rachat, Maximilien, par lettres datées de Gengenbach, les déclara-t-il relevés de tout serment d'allégeance à l'évêque, (2) qui de son côté, par acte du 1er avril 1517, reconnut avoir reçu de la ville 15,000 florins du Rhin et n'avoir plus de droits à prétendre sur Landau. (3)

Ce fut sans doute pour jouir de la reconnaissance des habitants de Landau ou peut-être pour se faire payer ses bienfaits par une nouvelle et généreuse hospitalité, que l'empereur Maximilien Ier revint à Landau en 1513, comme le témoignent des lettres datées de cette ville et de cette année écrites par lui au margrave de Bade. (4)

Là ne devaient pas s'arrêter les bons vouloirs de Maximilien pour Landau, car décidément les mauvaises chances de la ville semblaient finies, et elle allait entrer enfin dans l'ère de prospérité. Jusqu'alors il ne s'était encore agi pour elle que de recouvrer les droits de l'immédiateté impériale et les franchises assez limitées qui y étaient attachées. Mais la voilà qui de prime saut, à peine rentrée au giron du gouvernement direct de l'empereur, parvient à s'affranchir aussi des officiers de ce gouvernement, et à prendre rang de ville libre. En 1517 l'empereur cède ou vend pour ainsi dire Landau aux Landaviens, et pour leur garantir qu'ils ne seront plus jamais engagés, il leur engage moyennant 12,000 florins l'office de schulteis impérial ainsi que tous les autres fiefs impériaux établis dans la ville ou sur le territoire de la ville. (5) C'était en quelque sorte la formule de l'émancipation complète, la charte d'une liberté municipale presque sans contrôle

---

(1) SCHOEPFLIN, *Alsat. Diplom.*, tome II, p. 448; et LUNIG, num. 4.
(2) LUNIG, num. 5.
(3) Ibidem, num, 9.
(4) JOANNIS, *Spicileg. Tabular*, p. 529.
(5) Archives de Landau. Volume A. Diplôme du 1er avril 1517.

impérial : au nom de l'empereur l'unter-landvogt d'Alsace, Jean-Jacques de Mœrsperg, confirma, dès cette même année 1517 par lettres reversales, cet engagement de Landau à Landau, ainsi que le droit de prendre rang parmi les villes libres de la décapole d'Alsace. (1)

Elle est donc enfin à son tour république du Saint-Empire romain, cette ville dont les premières libertés sont dues à un empereur d'origine alsacienne (Rodolphe de Habsbourg, issu des comtes du Sundgau), cette ville, dont les premiers malheurs sont dus à un empereur bavarois (Louis V), et dont les plus nobles souvenirs de force, d'individualité, de *self-governement* se rattachent à l'ère véritable de la nationalité alsacienne, à la ligue des dix villes.

Il faut remarquer toutefois que l'engagement de Landau à Landau par Maximilien Ier ne stipulait d'abord qu'une durée de vingt ans, (2) mais cette condition n'était et ne pouvait être qu'une réserve pour obtenir par la suite, sous prétexte du nouveau prix de rachat, quelque nouveau subside, puisque le même acte promettait que jamais la ville ne serait plus engagée à des tiers.

En 1521, par un diplôme daté de Worms, Charles-Quint renouvela en effet la cession de son prédécesseur et confirma tous les droits, toutes les libertés de Landau, en ajoutant que cette ville devait rester à jamais liée à la landvogtey d'Alsace. (3)

Ce retour définitif de Landau à la landvogtey d'Alsace semblerait dû en partie à la suppression des charges de comte et de landvogt du Spiregau, qui en 1495 devinrent un apanage héréditaire de la maison palatine, tandis qu'auparavant, quoique possédées par cette maison à titre d'engagère, elles étaient censées viagères et d'investiture impériale. Ainsi les longs tiraillements de Landau entre la landvogtey d'Alsace et celle du Spiregau avaient cessé par la suppression de cette dernière; la restitution du titre de landvogt d'Alsace à l'électeur palatin, restitution accordée par Charles-Quint, en 1530, ne put désormais rien pour rattacher Landau à l'ancien Spiregau et consolida au contraire son annexion définitive à la landvogtey d'Alsace.

---

(1) SCHŒPFLIN, *Als. Dipl.*, tom. II, p. 452, — SIMONIS, *Beschreibung aller Bischoffen zu Speyr*, — LAGUILLE, pièces justificatives, p. 109, et BIRNBAUM, pièces justificatives, p. 498.

(2) Ibidem.

(3) LUNIG, *Reichs Arch.*, cont. IV, tom. Ier, num. 7 et 13, p. 1285.

Les frais de rachat de l'engagement à l'évêché de Spire et ceux d'achat des offices impériaux dans la ville immédiate avaient épuisé le trésor municipal et la bourse des bourgeois de Landau, comme l'avaient déjà fait précédemment les frais des premières franchises octroyées par Rodolphe de Habsbourg. Maximilien, comme Rodolphe, permit donc à la ville de se rembourser à la façon depuis longtemps usitée, c'est-à-dire en battant monnaie sur les juifs. Depuis les massacres du quatorzième siècle ils étaient exclus de Landau. Par un diplôme de 1517 la ville fut autorisée à louer de nouveau un droit de résidence à dix familles juives moyennant 400 florins à payer chaque année à la caisse municipale. (1) Au bout de huit ans les clameurs contre ces dix familles étaient devenues si vives à Landau, que le magistrat prononça leur renvoi. Sur les instances de l'archiduc Ferdinand, landvogt d'Alsace, et de l'électeur palatin, il consentit toutefois à retarder leur expulsion de quatre ans, bien entendu sous condition de nouvelles finances. Cette expulsion ne fut d'ailleurs que momentanée; lorsque les besoins fiscaux de la ville l'exigeaient, les bourgeois consentaient à vivre plus ou moins longtemps côte-à-côte avec ces mécréants, ils finirent même par s'habituer si bien à leur voisinage, que du temps de Schœpflin et d'aprés son témoignage (2) on comptait à Landau plus de vingt maisons de juifs plus ou moins riches.

Maîtres enfin de se gouverner et de s'administrer eux-mêmes, les bourgeois de la ville libre impériale de Landau firent quelques changements au régime et à la constitution de la cité. Nous avons vu qu'en 1361 vingt-quatre sénateurs annuels furent adjoints pour les affaires administratives aux douze échevins. Ces vingt-quatre sénateurs ou, pour nous servir d'un titre moderne moins pompeux, ces vingt-quatre conseillers municipaux avaient été ensuite réduits à douze. Ils représentaient l'élément démocratique dans l'administration municipale et appartenaient à la bourgeoisie proprement dite, c'est-à-dire aux tribus de cultivateurs, de marchands et d'artisans. Leur action n'était, pendant la période de l'engagement à l'évêché de Spire, que très-secondaire. Au contraire les échevins formaient un petit sénat qui se recrutait exclusivement et au choix du vogt épiscopo-impérial dans les familles patriciennes de la ville, telles que les Stein, les

(1) Schœpflin, *Als. ill.*, tom. II, *Landau*.

(2) Ibidem.

Brack, les Helmstadt, les Horneck, les Mulhof, les Ramberg, les Schnidelauch, les Walsdorff, les Zeinheim, (1) tous ou presque tous descendus de ces *hommes propres* (*viri liberi*, *Muntzer*, *Hausgenossen*, *Burgmaenner*) que l'empereur Henri Ier établit dans un grand nombre de villes comme autant de colonies militaires ou de garnisons permanentes.

Remarquons à cette occasion, comme un des faits les plus constants du développement féodal et municipal, que cette espèce d'aristocratie intermédiaire entre les seigneurs et les bourgeois exerça seule d'abord l'autorité dans les villes impériales. Elle fut même, on peut le dire, le premier boulevard des villes contre les barons voisins et ce fut probablement à son intention que les empereurs octroyèrent ou reconnurent les premières franchises municipales. Tel fut même son prestige que beaucoup de burgraves et même de barons de franc aleu, possesseurs de domaines et de vassaux dans le voisinage, tinrent à honneur ou trouvèrent leur intérêt à s'affilier à elle et à avoir leur cour (*Hof*) ou au moins quelque pied-à-terre donnant droit de cité dans les villes administrées par ces patriciens.

Tant que le pouvoir ne leur fut pas contesté, tant que la noblessse urbaine conserva la prééminence dans les villes impériales, ces privilégiés continuèrent à faire cause commune avec les bourgeois non nobles ou artisans contre le suzerain ou l'engagiste impérial. Mais à mesure que l'individualité municipale augmenta son indépendance du pouvoir extérieur, à mesure que les villes devinrent plus fortes, l'influence de l'aristocratie citadine alla décroissant. Bientôt les familles patriciennes durent entrer en partage de la tenance de certains offices avec les délégués des tribus marchandes ou ouvrières et peu à peu elles furent évincées de ces offices ou de ces fonctions. Lorsqu'elles voulurent résister elles furent même chassées et proscrites. Enfin, dans beaucoup de villes, à Strasbourg par exemple, elles ne purent conserver un droit de résidence qu'en se faisant inscrire dans les tribus, c'est-à-dire en renonçant à leurs plus chers privilèges, à leur autonomie en quelque sorte, et, pour ainsi dire, en abdiquant leur noblesse.

A Landau l'autorité était restée plus longtemps que dans la plupart de nos autres villes impériales d'Alsace le patrimoine de quelques

(1) Schoepflin, *Als. ill.*, tom. II, *Landau.*

familles. Les malheurs de la ville et son long engagement à l'évêché de Spire avaient surtout contribué à maintenir la possession des patriciens. En effet, pour se garer de leurs anciens auxiliaires, les corps de métiers, devenus leurs rivaux, il avait fallu que les nobles de la ville revirassent de bord, abandonnant les intérêts de la commune pour les intérêts de leurs offices, se vouant corps et âme à l'évêque de Spire après avoir été d'abord ses adversaires les plus opiniâtres, se faisant ses champions dans la cité, percevant pour lui les taxes et les rentes et se proclamant ses tenanciers, eux qui avaient si longtemps prétendu n'être que les tenanciers de l'empereur. En un mot, la cause de l'évêque de Spire et celle des patriciens de Landau avaient fini par s'identifier, le privilége s'était abrité derrière le privilége, et l'engagiste étranger avait fait alliance avec l'aristocratie locale.

Mais à peine le premier eut-il perdu ses droits, l'autre se vit arracher les siens. Vainement les nobles de Landau s'adressèrent-ils à l'empereur pour qu'il garantît le maintien de leurs prérogatives. Maximilien Ier en enlevant la ville à l'évêque avait voulu punir ce dernier de son adhésion au parti de l'électeur palatin pendant la guerre de 1504, et en abandonnant, ou à peu près, les patriciens de Landau, il voulut sans doute les punir de leur dévouement à l'évêque.

Dès 1508 les sénateurs sortis des tribus bourgeoises avaient prétendu imposer aux habitants nobles de la ville un serment d'obéissance; les nobles s'y étant refusés, dès 1511 l'empereur leur ordonna de le prêter et de se soumettre dorénavant à tous les ordres du magistrat. La formule de ce serment était : « Je jure d'être fidèle au Saint-Empire et à la ville, et notamment d'obéir au sénat de la ville dans toutes les circonstances et de lui être dévoué. » (1)

En vain la noblesse urbaine voulut-elle encore résister, la réaction démocratique était devenue si forte à Landau qu'elle ne laissa pas le temps à la minorité d'essayer de la guerre civile. La plupart des patriciens prirent donc le parti de la soumission, d'autres en très-petit nombre préférèrent s'expatrier, et aller se placer sous la protection de l'électeur palatin ou des princes ecclésiastiques du Rhin.

C'est probablement à cette occasion que s'éloigna de la ville Jean Boner, quoique Schœpflin paraisse ne pas le comprendre parmi les

(1) Birnbaum, *Geschichte der Stadt Landau*, page 109.

patriciens. [1] Boner dut à son exil volontaire de Landau le rôle important qu'il joua bientôt après en Pologne. S'il fût resté dans sa ville natale, on ne saurait sans doute rien de lui, et tous ses talents ne l'eussent mené qu'à un poste plus ou moins obscur dans le magistrat. Etabli en Pologne, où il fut sans doute attiré par ses compatriotes d'Alsace, les nombreux Wissembourgeois réfugiés à Cracovie depuis la malheureuse guerre de Wissembourg contre l'électeur palatin à la fin du quinzième siècle, Jean Boner, après avoir fait une grande fortune dans le commerce, fut, comme l'on sait, le conseil et l'ami des rois de Pologne, Alexandre et Sigismond. Ce dernier surtout l'appela plus d'une fois à venir en aide à l'Etat par son crédit, sa bourse et ses avis. [2]

Revenons à la constitution de Landau. Le *Schœffen-Rath* ou conseil des échevins était depuis longtemps odieux aux tribus plébéiennes parce qu'il n'avait jamais été composé que de patriciens. On le supprima donc et on lui substitua quatre bourguemestres d'abord élus directement par les tribus, puis se renouvelant non seulement dans le sein du sénat mais dans le sein des tribus par le choix des bourguemestres en exercice au fur et à mesure des vacances. Ces charges d'abord annuelles ne tardèrent pas à devenir à vie comme l'avaient été précédemment celles des échevins. Elles conféraient à la fois les pouvoirs administratifs, politiques et judiciaires. Quant aux sénateurs ils étaient pris indifféremment parmi les bourgeois des diverses tribus et élus par le magistrat collectif ou réunion des quatre bourguemestres et des sénateurs en exercice. Le premier d'entre les sénateurs avait le titre de maréchal comme à Haguenau et à Wissembourg; il assistait le bourguemestre en exercice dans toutes ses fonctions, il était aussi en quelque sorte le représentant par excellence de la démocratie, et ne conservait ses fonctions que pendant trois mois ainsi que le bourguemestre en exercice; [3] ce qui implique ou semble impliquer que tous les trois mois les sénateurs élisaient dans leur sein le maréchal. Plus tard le nombre des maréchaux assistant le bourguemestre en exercice fut porté à deux. [4]

---

(1) Schœpflin, *Als. ill.*, tom. II, *Landau.*

(2) Decius, *De Sigismundi Regis temporibus*, pages 108 et suivantes.

(3) Birnbaum, pages 111 et 112.

(4) Birnbaum, ibidem.

C'est ici le cas d'établir une distinction entre les fonctions du maréchal dans les villes libres et dans les villes impériales simples. Dans ces dernières, à Landau par exemple, tant que l'office impérial de schultheis fut à la disposition de l'évèque de Spire et tant que ce dernier resta substitué aux droits de l'empereur, le soin de la police et le commandement de la force armée appartinrent exclusivement au délégué de l'évêque, le stadt-vogt ou l'unter-vogt. Les offices d'échevins étant pour lors des espèces de fiefs entre les mains des familles patriciennes, l'empereur ou le seigneur étranger qui le remplaçait à titre d'engagiste avaient jugé à propos d'adjoindre à l'échevin en exercice un magistrat plébéien avec le titre de maréchal. C'était en quelque sorte une satisfaction donnée à la vanité de la bourgeoisie, mais ces fonctions se trouvaient être plus honorifiques que réelles, elles ne conféraient au titulaire que fort peu d'autorité, et ne lui assuraient guères que le pas sur les autres conseillers plébéiens de la ville et les délégués des tribus.

Il n'en fut plus ainsi dès que l'élément plébéien eut décidément la prépondérance à Landau. L'importance du maréchal de la ville grandit avec la puissance démocratique, il devint l'édile de la cité comme les bourguemestres en étaient les consuls, et il en fût sans doute devenu le tribun si l'aristocratie avait essayé de ressaisir le pouvoir.

Les tribus de Landau étaient au nombre de douze ; elles existaient dès avant l'ère de l'indépendance de la ville, peut-être toutefois n'étaient-elles que onze avant l'émancipation de 1511, ou du moins il y a lieu de supposer que sous l'évèque de Spire, la première d'entr'elles n'était pas précisément une tribu, mais plutôt le corps de la noblesse, une curie, marchant en tête des tribus plébéiennes en vertu de son droit propre.

En effet cette première tribu conserva même après la révolution du commencement du seizième siècle le nom de tribu des *chevaliers*, et elle se composa non-seulement des anciens *castrenses* et des autres membres des familles patriciennes restées dans la ville, mais encore des professions réputées libérales ou plus ou moins en rapport avec la noblesse. Ainsi à Landau, au moins à partir de 1517 et peut-être même de 1508 ou de 1504, les écrivains, les rentiers, les verriers, les financiers ou argentiers, les chirurgiens-barbiers, les divers officiers municipaux et même les hôteliers, [1] faisaient partie de la tribu des

(1) Birnbaum, page 115.

chevaliers, les uns sans doute parce que leurs fonctions les ennoblissaient en quelque sorte, les autres parce qu'en raison de leur profession même ils se trouvaient en relations plus directes avec l'aristocratie. On devrait supposer que l'annexion des hôteliers datait surtout de la réaction démocratique, cette classe de la bourgeoisie ayant intérêt à se mettre le plus possible sur un pied d'égalité avec les patriciens, principaux habitués de ses poëles ou buvettes, (*Trinck-Stuben*), et pour la plupart ses débiteurs. Cependant comme la même assimilation des hôteliers aux professions nobles se retrouve dans beaucoup d'autres statuts municipaux d'Allemagne, et ce, même dans des villes soumises au pouvoir féodal d'un simple baron, on pourrait l'attribuer à un préjugé populaire et à une sympathie générale en leur faveur, sympathie qu'expliquerait le goût prédominant des vieux et bons Allemands pour la boisson et dont, en tirant un peu les choses par les *cheveux*, on découvrirait le germe dans ce titre de *Gast*, hôte, donné naguères par les Franks à leurs chefs et à leurs juges.

Les autres tribus de la bourgeoisie de Landau étaient : celle du *bois*, comprenant les tonneliers, tourneurs, charrons, charpentiers.

Celle des *tailleurs*, à laquelle appartenaient les fripiers et revendeurs de vieux habits.

Celle des *cordonniers* et savetiers.

Celle des *maçons*, y compris les tailleurs de pierres et potiers.

Celle des *marchands de 1re classe*, ou commerçants en draps, en soie et en cuirs.

Celle des *marchands de 2e classe*, tels que merciers, confiseurs, relieurs, marchands de comestibles.

Celle du *feu* ou des serruriers, maréchaux-ferrants, armuriers, couteliers.

Celle des *tanneurs* et *chamoiseurs*.

Celle des *bouchers*, d'où dépendaient les saucissiers, chandeliers, suiffiers.

Celle des *boulangers*.

Celle des *brasseurs* et garçons brasseurs.

Celle des *vignerons*. (1)

Les chefs de ces diverses tribus étaient élus chaque année par les membres de la tribu. Ils étaient de véritables fonctionnaires et comp-

(1) BIRNBAUM, p. 115.

tables, chargés non-seulement de la police de la tribu, mais encore des recettes et des dépenses qui la concernaient comme corporation ; chaque tribu et chaque fraction de tribu ou métier avaient une bannière.

Il est probable que cette organisation en tribus d'artisans datait du treizième siècle ou du quatorzième, et était contemporaine ou du grand mouvement municipal provoqué et encouragé par la chute de la maison de Hohenstaufen, ou aù moins de la révolution démocratique de Strasbourg, pendant les luttes de Louis de Bavière et de Frédéric-le-Bel d'Autriche. Le nombre des tribus dut être plus restreint à cette première époque, quelques unes même, telle que celle des brasseurs, ne se formèrent sans doute que longtemps après. Les deux tribus de marchands dites de 1re et de 2e classes témoignent de l'importance du commerce de Landau ; pour diviser ainsi en deux classes les vendeurs de produits non ouvrés par leurs mains, il fallait que le commerce fût non-seulement très-considérable en gros et en détail, mais occupât un grand nombre de personnes.

Les dénominations de tribus du *bois* et du *feu* ont quelque chose d'ingénieux ; cette classification des métiers ressemble à celle de quelques grands établissements industriels de notre temps, elle est fort remarquable dans un petit centre de population où chaque métier devait dans l'origine empiéter sur le métier voisin, et où la séparation du rabot et de l'enclume n'a pu se produire que par un fort développement d'industrie.

Le rang assigné à la tribu du *bois* ou des tonneliers, menuisiers, charrons, etc., indique aussi que ces métiers étaient les plus florissants à Landau à l'époque de l'organisation en tribus. Ainsi les tonneliers marchaient immédiatement après les chevaliers; on pourrait se demander pourquoi pas les marchands, qui, n'étant pas artisans ou ouvriers de leurs mains, avaient plus d'analogie d'éducation et de fortune avec les patriciens et les professions assimilées à ces derniers? Serait-ce parce que les cinq premières tribus étaient plus anciennes, et parce que les autres ne furent que des démembrements des premières, démembrements nécessités par l'extension du commerce et de l'industrie? A Strasbourg, par exemple, les négociants formaient la sixième tribu, et ils étaient précédés par les bateliers ou industriels en bois. Mais à Strasbourg où l'expansion démocratique fut beaucoup plus prompte et plus complète qu'à Landau, les tribus d'artisans avaient un certain nombre d'affiliés étrangers à la profession indiquée par la bannière, et que pour cela on appelait dérisoirement membres oisifs ou fainéants (*Müssiggænger*), ou plus officiellement *Zudiener* (assistants). (¹) Cette admission des rentiers et des gens de loisir (*Constoffler*) dans les sections d'artisans devait avoir plus d'un inconvénient, que la constitution de Landau paraît avoir voulu éviter en rangeant dans la tribu des chevaliers tous les bourgeois sans profession manuelle ou commerciale.

Il faut d'ailleurs bien se garder de confondre ce qu'on peut appeler la démocratie du moyen-âge avec ce qu'on entend généralement aujourd'hui par ce mot. Les tribus de métiers ou d'artisans, quelque démocratiques que fussent leurs tendances et leurs entreprises, étaient des corps presqu'aristocratiques, si on veut les comparer à la liberté des individus et des professions dans nos sociétés modernes. Au moyen-âge c'était la corporation qui visait à l'indépendance et non l'individu. Le *Zunftmeister* avait dans chaque tribu une autorité qui paraîtrait bien arbitraire et excessive aujourd'hui : N'était pas d'ailleurs artisan qui voulait; pour appartenir à une tribu quelconque il fallait être reçu par cette tribu, il fallait, sauf l'exception des *Zudiener* strasbourgeois, faire ses preuves de cordonnier ou de tonnelier ou de tailleur comme le gentilhomme était obligé de faire ses preuves de noblesse pour entrer dans tel ou tel chapitre; en un mot, les associations d'artisans pendant les siècles féodaux étaient de petites oligarchies, vivant de priviléges comme la noblesse.

Le diplôme de 1291 par lequel Rodolphe de Habsbourg conféra à Landau tous les droits et priviléges de la ville de Haguenau, semblait autoriser implicitement cette ville à avoir un atelier monétaire. Sous Albert Ier il y eut en effet un fief *castrense* de monnayeurs à Landau, bien entendu de monnayeurs au coin ou poinçon impérial. Mais l'impignoration de la ville et de ses fiefs *castrenses* à l'évêque de Spire fit passer peu après aux mains de l'évêque ce droit de monnaie. Conserva-t-il l'atelier de Landau? c'est ce qu'il est difficile d'établir. Il avait déjà, comme abbé de Wissembourg et comme évêque de Spire, droit de monnaie, ces droits locaux conférés au même prince ne tardèrent pas à se confondre; l'usage des bractéates muettes, ce mode monétaire si expéditif, si mobile, si défectueux et si barbare, ne permet pas de suivre l'application du droit de monnaie à Landau

---

(¹) HERRMANN, *Notices historiques, statistiques*, etc., tom. II, p. 3.

pendant la période de l'engagement à l'évêché. Wissembourg fut plus heureux sous ce rapport, parce que l'abbaye avait, même lorsqu'elle était gouvernée par le même prélat que l'évêché de Spire, son coin particulier. Il est d'ailleurs assez probable que pendant cette période l'atelier de Landau, s'il exista, ne fut qu'une succursale de l'atelier épiscopal de Spire, et eut par conséquent le même coin ou le même poinçon ou le même moule gravé en creux pour les solides doubles ou unifaces, comme pour les bractéades, les uns et les autres étant au surplus également anonymes.

La fausse monnaie, car il faut bien appeler par son nom cette invasion de jetons anonymes ayant cours forcé et dépourvus de valeur intrinsèque, offrait des ressources fiscales trop faciles et trop sûres de l'impunité pour que les petits souverains ecclésiastiques et laïques de l'Allemagne se fissent faute de la substituer dans les ateliers dont ils disposaient aux solides impériaux plus ou moins conservateurs du titre et du poids carlowingiens. Quelques uns de ces seigneurs, et surtout ceux qui appartenaient à l'Eglise, avaient cependant le scrupule d'établir deux ateliers, l'un de monnaies à titre et à poids plus réguliers qu'ils signaient de leur écusson ou de quelque signe destiné à les faire reconnaître, l'autre de bractéates libres, formées des alliages les plus divers, *Hohl-Müntzen*, *Blech-Müntzen*, *Schüssel-Müntzen*, destinées à servir de monnaie vulgaire, de monnaie du peuple, dans l'étendue de la seigneurie et qui, une fois sorties, étaient proscrites par le seigneur lui-même comme entachées de fausseté, et ne pouvaient plus rentrer. (1)

Il serait possible aussi que les monnayeurs de Landau, car il n'est pas douteux qu'une partie des patriciens de cette ville n'ait porté ce titre synonyme de noble au moyen-âge féodal, se fussent trouvés tenanciers d'un atelier établi hors de la ville dans un des fiefs *castrenses* qui en dépendaient ou même sur quelque territoire de mouvance indépendante de Landau. Avoir un atelier monétaire ou avoir dans ses murs des monnayeurs sont choses fort différentes et qu'il ne faut pas confondre. Tels monnayeurs pouvaient résider à Landau et être bénéficiers ou officiers d'un atelier existant hors de Landau. Cela est vrai surtout pour les monnayeurs (*Müntz-Genossen*, *Müntz-*

---

(1) *Essai historique sur l'ancienne monnaie de Strasbourg*, par L. Levrault, pages 252 et suivantes.

*Junkern*, *Müntz-Herren*) du quatorzième et du quinzième siècles, où les bractéates et semi-bractéates unifaces changeaient souvent d'ateliers, les impignorations monétaires étant devenues un abus dont il importait de dérober le scandale au public et surtout à la chambre impériale. Tant l'on était déjà loin du temps où l'évêque de Strasbourg, Archambault, prescrivait à ses monnayeurs de faire battre toujours la monnaie dans une seule et même maison *afin que tout le monde pût être témoin de la besogne des ouvriers* ! (1)

L'atelier des monnayeurs domiciliés à Landau a dû être caché pendant la période des plus mauvaises bractéates anonymes dans quelqu'un de ces châteaux possédés en commun par les *Burgmænner* de cette ville. S'il faut ajouter foi à Sébastien Munster, ces châteaux auraient été en très-grand nombre aux environs de Landau, car il compte jusqu'à trois cent cinquante villages et hameaux groupés dans un rayon de deux milles d'Allemagne autour de la ville, et dont plusieurs auraient eu leur Burg. (2)

Parmi ces Burgs était Drachenfels, qui n'est pas le seul château de ce nom dans les contrées rhénanes, et qui, en partie allodial, en partie fief palatin de Deux-Ponts-Bitsche par provenance de l'abbaye de Klingen, fut assiégé et rasé plus ou moins, comme servant de repaire à des brigands, par les intrépides milices strasbourgeoises en 1335. (3) Ce château de Drachenfels relevé ou réparé peu après, cédé par la maison de Deux-Ponts-Bitsche à un chevalier Eckbrecht de Durckheim, mais pour une part seulement, et pour l'autre part inféodé par l'électeur palatin à plusieurs associés nobles de Landau, (*Burgmænner* ou *Ganerben*) n'a pas cessé de jouer un rôle assez néfaste dans l'histoire féodale de la frontière alsato-palatine. La tradition veut qu'il ait servi à des faux-monnayeurs, et il était maudit dans la contrée même avant le temps de François de Sickingen et de ses vingt-trois compagnons de ganerbinat à Drachenfels. Sa prise en 1517 par l'électeur palatin, l'électeur archevêque de Trèves et le landgrave de Hesse fut, comme l'on sait, un de ces faits d'armes populaires que l'histoire et la poésie se sont plu à célébrer. (4)

---

(1) *Essai historique sur l'ancienne monnaie de Strasbourg*, p. 146.

(2) SÉBASTIEN MUNSTER, *Cosmographia*, lib. II, cap. CLV.

(3) KŒNIGSHOVEN, cap. V, p. 322.

(4) SCHLEGEL, *in vita Casp. aquilæ*, p. 112, et BARTH. LATOMUS, voyez *Scriptores rerum germ.*, tom. II, p. 130.

Le château de Madenbourg, dont il a déjà été question dans ce travail, pourrait aussi avoir servi d'atelier anonyme pour ces *Schüssel-Müntzen* et *Hohl-Müntzen* qui inondèrent l'Allemagne dans les quatorzième et quinzième siècles, et dont, à l'instar des monnayeurs mayençais, les nobles monnayeurs landaviens ont dû se rendre les éditeurs peu scrupuleux.

Enfin un autre château non loin de là a pour lui ou contre lui une notoriété plus grande encore, le château de Scharffenberg ou Scharfeneck, encore aujourd'hui appelé *die Müntze* (la Monnaie) [1] et situé à côté de l'antique château d'*Anebos* sur l'une des trois crêtes de rochers à pic qui ont valu son nom à la non moins antique ruine castrale de Trifels, si célèbre pour avoir servi de refuge à l'infortuné empereur Henri IV après son excommunication et la révolte de ses fils, de résidence à Frédéric Barberousse, et de prison à l'archevêque Adalbert de Mayence, au margrave Wiprecht Groïtsch de Lausitz et au roi d'Angleterre Richard Cœur-de-Lion. [2]

Ce château de Scharfenberg possédé avant l'année 1307 par Jean de Châlons, seigneur d'Arles et inféodé à cette époque, 1307, par l'empereur Albert Ier à son protonotaire Nicolas de Spire, [3] était en 1318 aux mains de Nicolas Bernbach, chanoine de Spire, qui l'avait cédé à trois ganerbiens, Epho, doyen de Spire, Pierre d'Erboltzheim et Emich Wollensleger, chevalier. Ces trois ganerbiens sentent déjà fort les faux monnayeurs de bractéates anonymes. Et il semble que ce fut pour leur arracher la monnaie que Louis de Bavière inféoda Scharfenberg en 1339 à Eberhardt, abbé de Wissembourg. Cette inféodation motivée par une acquisition antérieure de 1334, que l'abbé Jean de Frankenstein obtint d'un Sigismond de Mulhnhoven, paraît n'avoir pas été suivie de mise en possession, car en 1366 seulement Jean, abbé de Wissembourg, successeur d'Eberhardt, fut installé à Scharfenberg par l'électeur palatin Robert. [4] Tel était apparemment l'importance monétaire de Scharfenberg dans ce temps de fabrication sans contrôle que les abbés de Wissembourg, gardiens

(1) C. Lobstein, *Historische Nachrichten über den Trifels*, p. 7.

(2) Coste, *Notice sur Trifels*, *Revue d'Alsace* de 1851.

(3) Schoepflin, *Als. ill.*, tome II, Terres de l'évêché de Spire.

(4) L. Spach, *L'abbaye de Wissembourg*, note dans le tome Ier du *Bulletin de la Société de conservation des monuments historiques d'Alsace*, p. 157.

en général assez consciencieux du coin officiel ou légal, comme le furent presque tous les princes ecclésiastiques, durent faire d'assez larges concessions à leurs tenanciers de Scharfenberg, Wentz de Lenzwiller en 1408, Jean de Witenmühle en 1425, Spirer dit Altdorf Cleisel en 1442, Kontz Pfül d'Utenbach en 1445, et Reinfried Jungfauth en 1447, (1) pour empêcher le retour des monnayeurs anonymes. Vers la fin du quinzième siècle, lors des luttes entre l'abbaye de Wissembourg et l'électeur palatin, le fief de Scharfenberg, dont disposait, on ne sait à quel titre, le duc de Bavière Alexandre, était redevenu un ganerbinat qui comptait parmi ses membres des patriciens de Landau. L'émission de la monnaie anonyme dut donc reprendre à Scharfenberg et continuer jusqu'en 1534, époque où l'abbé Rudiger inféoda ce château à Robert de Deux-Ponts-Veldentz, petit-fils de Louis-le-Noir, qui en 1460 l'avait remis aux mains de l'électeur Frédéric Ier. (2)

Le retour que nous venons de faire vers l'époque antérieure à la complète émancipation de Landau a eu pour but de montrer que si des *Burgmænner* de cette ville se trouvaient avoir fabriqué dans ses murs ou au-dehors des bractéates muettes, Landau ne saurait en être responsable devant le tribunal de l'histoire au moins tant que dura son engagement à l'évêché de Spire. Une fois libre et pourvue, d'après les termes mêmes du diplôme de Maximilien Ier, du droit de disposer des anciens fiefs *castrenses*, la ville a-t-elle usé pour son compte des priviléges monétaires attachés selon toute apparence à l'un ou à l'autre de ces fiefs? Si elle l'a fait, il paraît au moins qu'elle n'a pas eu de coin à elle, car on ne connaît pas d'autres monnaies commémoratives de Landau que les pièces obsidionales du siècle de Louis XIV. (3)

Cependant elle aurait eu le droit de battre monnaie, non en vertu d'un diplôme spécial que Schœpflin confesse avoir vainement cherché, (4) et que M. de Berstett croit n'avoir jamais existé, (5) mais en

(1) L. SPACH, *L'abbaye de Wissembourg*, note dans le tome Ier du *Bulletin de la Société de conservation des monuments historiques d'Alsace*, page 157.

(2) SCHOEPFLIN, *Als. ill.*, tome II, Terres de l'évêché de Spire.

(3) BERSTETT, *Versuch einer Müntz-Geschichte des Elsasses*, p. 22.

(4) SCHŒPFLIN, *Als. ill.*, tome II, page 399.

(5) BERSTETT, page 23.

vertu des diplômes impériaux qui lui conféraient tous les droits précédemment accordés à la ville de Haguenau. En n'usant pas de ce droit de monnaie la ville libre et impériale de Landau pourrait avoir été retenue par la conscience du discrédit des anciennes monnaies anonymes de ses *Burgmœnner* de l'époque épiscopale ; noble exemple de désintéressement qui prouverait le haut degré de moralité des bourgeois, et leur soin de répudier toute responsabilité des pièces de mauvais aloi antérieures à leur liberté.

Avant l'engagement de Landau à la ville même, le tribut annuel ou *Steuer* impérial à payer à l'évêque de Spire était de 200 florins d'or. Ce tribut, après avoir fait retour à l'Empire en 1511, fut cédé à la ville en 1517, et elle ne fut plus assujettie qu'à une redevance de 45 florins d'or à la chambre impériale, avec exemption du droit de protection que les autres villes de la décapole, à l'exception de Wissembourg, de Munster et de Landau, devaient payer au landvogt d'Alsace. (1) Landau était aussi exempt de prêter serment à l'*Unter-Vogt.* (2) Son contingent pour les guerres de l'Empire dites expéditions romaines, était de deux cavaliers complets et de dix-huit fantassins. Landau, comme les autres villes de la décapole, avait en outre des frais de cotisations accessoires et accidentels. Ainsi pour toutes dépenses provinciales ou autres à supporter en commun par les villes d'Alsace, Haguenau et Colmar avaient à fournir la moitié, Schlestadt et Wissembourg le quart, Landau et Obernai l'un des huitièmes, tandis que l'autre huitième était réparti entre Kaysersberg, Munster, Turckheim et Rosheim. Les frais éventuels étaient parfois assez considérables et avaient pour but de contribuer aux dépenses des guerres de l'Empire, ainsi en 1628, lors de la guerre de trente ans, Landau fut taxé à 250 florins d'or. (3)

Landau, comme les autres villes impériales d'Alsace, avait dans les diètes la préséance sur la noblesse immédiate, malgré les contestations de la noblesse, contestations qui ne paraissent avoir commencé qu'au seizième siècle. (4)

---

(1) SCHOEPFLIN, *Alsat. illust.*, tome II. — *Landau*, par. 734, et par. 527.

(2) Ibidem, par. 527.

(3) Ibidem, par. 522.

(4) Ibidem, paragraphes 521 et 717.

Les armes de Landau, telles que nous les montrent les sceaux et les titres de l'ère d'indépendance sont de *gueules* à la porte d'argent surmontée de deux tours de même, desquelles issent de chaque côté trois personnages, les deux premiers paraissant représenter des moines ou des clercs à genoux, et les deux derniers des gardes sonnant de la trompe ou du cor. La porte est sommée d'un écu d'argent à lion de *sable* debout et attaquant. Cet écu est soutenu par deux personnages à tête nimbée, placés l'un à *dextre*, l'autre à *sénestre*, dans l'angle de l'écu et de la tour. Ces deux saints sont probablement ou St Guillaume et St Eberhardt, patrons de l'église curiale, ou St Justin, patron de l'église dite *chapelle*, et Ste Catherine. La porte est accompagnée d'étoiles en pal de chaque côté, deux autres étoiles couronnant l'écusson et deux en support. Sous la période française ces étoiles furent remplacées par des fleurs de lys d'or.

Le territoire de Landau comprenait, à l'époque où nous sommes parvenus, les trois villages de *Nussdorff*, *Damheim* et *Queichheim*. Le village de *Mulhausen*, dont le marché transféré à Landau par concession de Rodolphe de Habsbourg, avait été l'origine des démêlés de la ville avec les comtes de Linange et l'évêché de Spire, n'existait déjà plus, ses habitants s'étant empressés, dès l'époque de la première enceinte de la ville, de se fondre dans la population urbaine. (1) Plus tard, en 1462, (2) le territoire du village abandonné fut acquis par la ville, mais deux ans après cédé par elle aux comtes de Linange à titre de fief épiscopal de Spire, (3) transaction destinée, comme il y a lieu de le croire, à terminer les différends féodaux nés des prétentions des Linange sur leurs anciens vassaux de Mulhausen devenus bourgeois de Landau. La population de Landau s'était aussi accrue à cause de son enceinte, cette amorce si puissante au moyen-âge, des paysans d'*Itzingen* et d'*Ober-Bornheim* ou St-Justin, dont le territoire quoiqu'acquis depuis longtemps par la ville, était encore néanmoins au seizième siècle grevé de dîmes au profit de quelques familles nobles ou de bourgeoisie impériale, entr'autres celles de Haller et Lang. (4)

Les habitants d'*Ober-Bornheim* ou *S[t]-Justin* une fois établis à

(1) SCHOEPFLIN, *Alsat. illustr.*, tom. II, par. 729. *Landau.*
(2) Ibidem, par. 738.
(3) SIMONIS, *Beschreibung aller Bischoffen zu Speyr.*
(4) MOSER, *Reichs Hoffraths Process*, tom. III, p. 756.

Landau donnèrent aussi au patron de leur village droit de bourgeoisie dans la ville, en lui faisant dédier l'église dite *chapelle* fondée avec un couvent de religieuses sur l'ancien emplacement du château de Rymberg en vertu d'un diplôme de Frédéric-le-Bel d'Autriche, daté de Schlestadt le 5 des kalendes d'avril 1315. (1) Cette église dont le vaisseau existe encore et appartient à un particulier, se voit, quoique masquée en grande partie par une construction moderne, derrière la halle commerciale (*Kaufhause*). D'après l'inscription d'un des piliers elle aurait été bâtie en 1344, quoique son caractère soit plutôt celui du quinzième siècle. Le couvent de religieuses, qui y attenait, a servi depuis aux dépendances de l'hôtel de *la Fleur* et à quelques maisons voisines. La cloche de cette église servait à appeler aux séances les membres du magistrat et du sénat. On y voit ou on y voyait encore, il n'y a pas très-longtemps, quelques pierres sépulchrales, et puisque nous y sommes, nous anticiperons sur les événements qui nous restent à rappeler, en citant dès à présent ce fait d'une femme tuée par un boulet dans cette église pendant le siège de 1704. (2)

Le village de *Nussdorf* ou *Nusdorf* était une ancienne dépendance de la seigneurie de Madenbourg. Il fut acheté par la ville de Landau à Conrad de Heydeck ou Heddeg en 1508 pour la somme de 3000 florins. Ce village avait trois siècles auparavant, en 1208, donné lieu à d'assez vives contestations entre l'évêché de Strasbourg d'une part et d'autre part Berthold et Henri de Scharfenberg, la tenancière de Nussdorff, une certaine dame Bertrade ayant été déclarée avec son frère, ses fils et ses agnats *ministériale* de l'église de Strasbourg, tandis que les sires de Scharfenberg prétendaient qu'elle était leur *ministériale*. (3) En 1498 Jean de Heydeck avait affranchi les paysans de Nussdorf de l'obligation de fournir des corvées à Madenbourg, attendu l'éloignement de ce château. Originairement l'électeur palatin et la ville de Spire avaient des hommes en propre dans ce village, l'évêché de Spire et la maison de Linange y prétendaient aussi des droits, si bien qu'après avoir acquis Nussdorf de Conrad Heydeck,

---

(1) SCHŒPFLIN, *Als. Diplom.*, tom. II, p. 112,

(2) BIRNBAUM.

(3) SCHŒPFLIN, *Als. ill.*, tom. II, par. 305, *Terres de l'évêché de Spire*, et par. 306, *Propriétés des villes libres.*

la ville de Landau dut encore payer 200 florins d'or à Emicon de Linange, afin d'éviter tout conflit avec cette maison, qui lui avait si souvent déjà été hostile. Au surplus Nussdorf ayant été une dépendance de Madenbourg devait déjà avoir été possédé par Landau dans le quinzième siècle, lorsque la ville acquit l'hypothèque du château, et ce fut probablement pour rentrer dans d'anciens droits ou pour mettre sa possession à l'abri de toutes réclamations ultérieures qu'elle traita à la fois avec le tenancier de Madenbourg, Conrad de Heydeck et avec Emicon de Linange.

*Damheim* était possédé par la ville de Landau depuis 1292 en vertu de la concession à titre onéreux d'Adolphe de Nassau, dont il a déjà été fait mention. C'était primitivement une ferme impériale, comprenant des hommes, des terres arables et des forêts, et devenue village, comme presque toutes les anciennes fermes impériales, par le bénéfice du temps. (1)

Nous avons vu qu'avant d'être ville et d'avoir son enceinte de murs Landau faisait partie de la cure probablement régionale de *Queichheim*, et qu'une fois devenue ville, l'annexe absorba le chef-lieu ecclésiastique et même le domaine temporel. L'engagement de *Queichheim* à l'évêché de Spire consenti par la ville pour vingt ans, en 1465, ne donna lieu à rachat qu'en 1558, suivant Schœpflin, (2) mais il est plus que probable que dès 1508 ou au moins 1517 *Queichheim* fut retiré par la ville, et en devint dès lors un domaine utile. Ce rachat de 1558 aura dû suivre d'assez près un nouvel engagement temporaire motivé peut-être par les embarras pécuniaires de la ville à la suite du séjour fait en ses murs par Charles-Quint et du passage sur son territoire de l'armée de Henri II, roi de France.

Indépendamment de ces trois domaines la ville de Landau possédait aussi de nombreux droits de *Geraydie* ou *Gereydt*. Les geraydies (*Gedeyen*, *Hayngeraidt*, *Bruderschafft*, *Confraternitas*, *Gerütte*, *Waldgenossen*) sont une des coutumes alsaciennes les plus anciennes, et la tradition en rapporte l'origine à l'un de nos rois Dagobert. Elles sembleraient dans ce cas être nées bien près de Landau, car d'après les traditions wissembourgeoises le testament de Dagobert en faveur des geraydies fut écrit par un certain *Ernfericus Morolius*, alors que le roi

(1) SCHŒPFLIN, *Alsat. illust.*, tome II, par. 506 et 732.

(2) Ibidem, par, 730.

habitait le château de Landeck, [1] avant de se rendre à celui de *Gocklinga.* Ce qui paraît prouvé c'est l'espèce de parenté des *geraydies* avec les deux mundats d'Alsace, et surtout avec le mundat de Wissembourg. Schœpflin qui fulmine très-vivement contre le malencontreux *Ernfericus Morolius* a compté seize geraydies qui s'étendaient depuis la Queich et par de là cette rivière jusqu'au-delà de Turckheim. [2] Ces droits d'usage forestiers accordés ou possédés de temps immémorial constituaient en faveur des localités usufruitières une sorte de propriété par indivis moins viagère et moins conditionnelle que celle des colonges et des ganerbinats avec lesquels d'ailleurs elle a plus d'un point de ressemblance. C'était en effet l'association établie entre certaines localités au lieu de l'être entre certains nobles ou entre certains fermiers plébéiens. La *geraydie* dont Landau avait sa part était la septième et la plus considérable, elle comprenait des territoires situés sur les deux rives de la Queich et avait plus de seize lieues de circuit, près de vingt lieues suivant Schœpflin. [3] On l'appelait *Gereydt* de *Godramstein* ou *Oberhayngereydt*, et Landau faisait partie de la troisième *Zent* ou division de cette geraydie, (*Unter-Zent*). Ses co-partageants étaient les villages, bourgs, châteaux, ou lieux d'exploitation de *Godramstein*, de *Siebeltingen*, de *Burckweiler*, de *Grevenhausen*, d'*Albersweiler*, de *Frankweiler*, de *Queich-Hambach*, de *Saint-Jean*, de *Rüsseldorff* et de *Dahlenheim.* En outre, la ville de Landau avait ou prétendait, à titre d'ancienne engagiste de Madenbourg, des droits de forêts dans la *confraternitas* ou geraydie de *Lentzweiler.* Quant à l'autre geraydie, ses droits sont établis par un titre de 1291 de Rodolphe de Habsbourg, titre qui témoigne de l'ancienneté des *Gereydts* d'Alsace dès cette époque. Qu'il a de contrastes ce moyen-âge où l'on voit les faibles et les manants autorisés par des chartes et en vertu de droits préexistants à entrer en partage des domaines royaux, et où l'association à tous les degrés côtoie le vasselage, où les ganerbinats nobles, les colonges, les geraydies semblent autant de précurseurs ou d'aïeux pour ces questions d'association si redoutables et si ardues en nos sociétés modernes !

---

[1] Jac. Beyrlini, *Antiquit. Palat. in Miegii monumentis*, p. 261, et *Trad. Wissemburgenses.*

[2] Schilter, *Cod. Jur. Feud. alem. de curiis Dominical.*, pag. 375, et Schoepflin, *Alsat. ill.*, tom. II, par. 215.

[3] Ibidem, époque francique, par. 64 et 65.

ÉPOQUE DE LA RÉFORMATION.

Tel était depuis bien peu de temps l'état civil et politique de Landau lorsque la nouvelle cité libre eut à passer par deux terribles épreuves, la guerre des paysans et la réformation.

Dès les premières controverses du moine audacieux de Wittemberg la doctrine du libre examen avait rencontré un ardent adepte à Landau. Jean Bader était curé de l'église collégiale de cette ville. Jeune homme de passion et d'énergie, érudit théologien, prédicateur fougueux, il ne tarda pas à embrasser avec enthousiasme la cause de la révolution religieuse. Il avait été précepteur de Louis II, prince de Deux-Ponts, qui fut par la suite l'un des protecteurs du naissant protestantisme en Allemagne, (1) et il était en relations actives avec Jean Schwebel, le réformateur de la cour de Deux-Ponts. (2) Bientôt les sermons de Bader dans la chaire encore catholique de Landau deviennent si hostiles à la vieille orthodoxie, que les chanoines s'émeuvent; ils sentent leur conscience intéressée à ne pas tolérer dans leur collégiale un langage aussi hardi, aussi subversif des traditions, et ils dénoncent le curé à l'évêque de Spire, qui, en perdant ses droits temporels sur Landau, y avait conservé la juridiction spirituelle. Mais Bader ne tient nul compte de ces premières protestations, et l'on peut présumer que les rancunes encore mal éteintes des bourgeois nouvellement émancipés de Landau contre leur ancien engagiste, l'évêque de Spire, aidèrent puissamment l'opposition de Bader à l'évêché, ainsi que l'œuvre de la nouvelle foi au sein de la cité. En effet la doctrine de Luther ne devait pas seulement apparaître aux yeux d'un grand nombre de Landaviens comme une conquête de la liberté de conscience, mais comme une garantie de plus, une sorte de fortification de plus contre l'ancien seigneur ecclésiastique; elle mettait plus d'intervalle entre ce dernier et la ville; elle sanctionnait pour ainsi dire et semblait devoir rendre éternel leur divorce. Si l'on veut bien creuser l'histoire de cette époque, et si, pour la mieux apprécier, on se dégage un instant des préventions de l'esprit de

---

(1) ROEHRICH, tom. Ier, pag. 389.

(2) M. TH. DE BUSSIERRE, *Histoire de la Réformation à Strasbourg*, tom. Ier, page 319.

parti soit catholique, soit protestant, on trouvera assez généralement les mêmes causes pour les mêmes effets. Oui, presque partout les villes où l'Eglise posséda le plus de priviléges séculiers furent aussi les premières à rompre avec l'Eglise, presque partout des rivalités purement temporelles amenèrent les divorces spirituels, presque partout, comme à Strasbourg, à Munster, à Wissembourg et à Landau, entr'autres villes d'Alsace, la bourgeoisie se fit protestante parce qu'elle avait ou croyait avoir des griefs moins contre l'enseignement que contre le pouvoir temporel ou les prétentions de pouvoir temporel du clergé catholique. Les meilleures institutions, et sous le rapport historique celle du pouvoir temporel de l'Eglise est de ce nombre, ont ainsi leurs époques néfastes où l'on ne tient plus compte des bienfaits ou des services du passé, et où les passions du moment détruisent sans rien ou presque rien édifier en place. Peut-être la ville de Landau, à l'exemple de ses sœurs les villes d'Obernai, de Schlestadt, de Rosheim et de Kaysersberg, serait-elle restée au seizième siècle à la religion catholique, si elle n'eût pas eu si longtemps pour chef féodal ou engagiste un évêque?

En 1522 la réformation naissante eut à Landau deux promoteurs bien différents, quoique tous deux également actifs et puissants. Si l'un était prêtre, l'autre était soldat, François de Sickingen, aussi terrible à l'orthodoxie catholique par l'épée que Bader par la parole. Singuliers alliés que ces deux hommes, l'un aussi brouillé avec l'Empire que l'autre avec la papauté, et s'attaquant avec une même ardeur, chacun de son côté, avec des armes différentes, à l'autorité temporelle et à l'autorité spirituelle. Ce baron féodal et ce prêtre représentent tous deux parfaitement cette alliance des passions religieuses et des ambitions terrestres auxquelles est dû le succès de la réformation en Allemagne.

François de Sickingen, l'un des principaux membres du ganerbinat de Drachenfels et l'un des héritiers des anciens engagistes de Madenbourg, était presqu'un enfant de Landau, et avait, dès sa jeunesse, une influence fort grande en cette ville. Peu de chefs de parti résument en eux, autant que François de Sickingen, les caractères et les abus de l'organisation féodale. On a de nos jours encore, en se faisant fort innocemment l'écho des vieilles passions catholiques et protestantes du seizième siècle, beaucoup trop vanté et beaucoup trop rabaissé ce champion des guerres de religion.

Condottier allemand, il nous apparaît dès sa première jeunesse comme faisant fort bon marché des convictions et leur préférant les intérêts. Nous le voyons mettre son épée au service des causes les plus opposées. D'abord, prenant la défense de Georges de Rodalba contre son suzerain, le comte de Deux-Ponts, il fait la guerre à ce dernier en dépit de l'arbitrage du landvogt d'Alsace et des villes de Strasbourg, de Haguenau et de Wissembourg. Puis avec les reitres qu'il a réussi à grouper autour de lui, il se met au service de Maximilien et va combattre la République de Venise. Plus riche de renommée militaire que d'argent à la suite de cette expédition qui tourna mal pour les troupes de l'empereur, il revient à son château héréditaire de Nannstein, près Landstuhl, et obtient d'être admis à la solde de l'archevêque de Mayence. Bientôt la guerre intestine de Worms lui offrant l'occasion de prendre les armes pour son propre compte, il se déclare le champion du parti vaincu à Worms, parti dont les principaux membres s'étaient, en 1513, réfugiés à Landau. [1] Frantz de Sickingen marche contre Worms et essaye de prendre cette ville par un coup de main, mais la surprise n'ayant pas réussi, et ayant été obligé d'investir la ville régulièrement, il la tient bloquée pendant trois ans, dévastant tout autour d'elle. Cet échec, précurseur de celui qu'il devait quelques années plus tard rencontrer devant Trèves, ne le décourage pas. Le voilà qui prend fait et cause pour le comte de Hoh-Géroldseck contre le duc Antoine de Lorraine, mais le duc le désarme en lui faisant payer quelques centaines de florins. Notre audacieux aventurier passe alors successivement aux services opposés du roi de France et de l'empereur Charles-Quint, se vendant ou plutôt se louant au plus offrant avec sa bande de plus en plus nombreuse. Tout-à-coup l'aurore des guerres de religion se lève sur l'Europe centrale, et Sickingen n'a garde de laisser échapper l'occasion de jouer un rôle important en Allemagne. En se rangeant du côté des partisans de la réforme naissante était-il mû par un sentiment religieux? D'après ce que l'histoire nous montre du caractère de ce soldat mercenaire, il est permis d'en douter, et l'on ne saurait s'étonner si François de Sickingen embrassa la cause de la réforme plutôt par ambition politique que par dévouement d'apôtre.

---

[1] Archives du sénat de Landau, *le vendredi après la Saint-Denis* 1513.

C'est à Landau que François de Sickingen forma ou inaugura la première ligue protestante, dont après lui les principaux adhérents du corps de la noblesse furent les sires de Fleckenstein, de Schwarzenberg, de Windeck, de Rudesheim, de Venningen et de Durckheim. (1) Cette ligue ne tarda pas à le mettre à la tête de 5,000 reitres et de 14,000 lansquenets avec lesquels il put d'abord remporter d'assez brillants succès, jusqu'à ce que, repoussé de devant Trèves et de devant Lutzelstein d'Alsace, dépossédé de Drachenfels et assiégé à son tour dans son château de Landstuhl par l'électeur palatin, l'archevêque de Trèves et le landgrave de Hesse, il tomba frappé d'un boulet en défendant, quoique malade, la brèche de Naunstein, le 7 mai 1523, sans qu'il ait été possible de déterminer si dans ses derniers instants il témoigna des sentiments de retour à la foi catholique ou d'adhésion à la foi protestante. (2)

Cependant la mort de François de Sickingen ne refroidit pas le zèle de Bader, et le lutteur de la chaire tient encore quand le lutteur du champ de bataille a succombé. En vain Georges Musbach, promoteur de l'évêché de Spire, le cite à comparaître devant le tribunal de l'évêque, en vain l'excommunication épiscopale est fulminée contre lui, (3) en vain la chambre impériale elle-même le condamne. (4) A l'anathème de l'Eglise, Bader répond, le dimanche de Cantate 1524, par un sermon des plus violents : Il parvient à entraîner tout le corps

---

(1) Birnbaum, p. 181, et dans Münch, tome II, p. 188, l'acte d'alliance dit *ligue de Landau.*

(2) Barthol. Latomus a chanté la ruine de Drachenfels en ces vers :

« *Audiit et timuit rupes invisa Draconum,*
« *Prædonum hospitium infestum, viresque negavit*
« *Objicere ipsa suas, quamvis circumdata muro,*
« *Præruptisque locorum aditis sublime levaret*
« *In mœdia astra caput, .celsasque attolleret arces.*
« *Quia se se excidio tristi subjecit et armis*
« *Sponte sua positis. Veniam haud dignata mereri*
« *Occubuit rapidis cœcidit que à culmine flammis.* »

(Voyez *Schardii scriptores rerum germanicarum*, tome II, page 130, et la traduction de Schœpflin par M. Ravenèz, tome IV, page 555).

(3) M. Th. de Bussierre, *Histoire de la Réformation à Strasbourg et en Alsace*, page 317.

(4) Schœpflin, *Als. ill.*, tom. II, par. 737.

du magistrat et du sénat, qui le soutient hautement, signe séance tenante une protestation contre la sentence épiscopale, et joint sa demande à celle des nouveaux Etats dissidents d'Allemagne pour obtenir de la Diète de Nuremberg la convocation d'un concile libre. [1]

Cette désertion du curé catholique de Landau et ce passage du magistrat de la ville libre dans le camp de la réforme ne se font pas toutefois sans de vives protestations d'un grand nombre de bourgeois restés fidèles à l'ancien culte. Bientôt des troubles éclatent, catholiques et séparatistes sont en présence, les uns maudissant et menaçant Bader qu'ils appellent un apostat, les autres l'exaltant et jurant de le défendre. A la tête des partisans de l'antique foi est Nicolas de Winden, vieillard qui veut mourir dans la religion de ses pères, et qui trouve dans son zèle, dans ses convictions, la force de lutter, quoique sans mission ecclésiastique et sans caractère officiel, contre le curé toujours en possession de la chaire malgré l'interdit, et contre le sénat son protecteur. Ce dernier, soit pour apaiser les troubles, soit pour faire acte de soumission apparente à l'autorité impériale, s'était enfin décidé à inviter Bader à plus de modération. Inutile recommandation ! La modération, cette vertu des tempéraments calmes ou des consciences timorées ne pouvait convenir à ce prêtre si ardent à fouler aux pieds ce qu'il avait adoré et juré d'enseigner à adorer. De nouveaux troubles excités par Bader ne tardent donc pas à surgir, Nicolas de Winden et les principaux chefs du parti catholique sont chassés successivement de la paroisse et de la ville ; ils se retirent comme des guerriers blessés mais non pas découragés, et ils vont faire retentir de leurs plaintes non-seulement le palais épiscopal de Spire, mais la chambre impériale.

Ils ne furent que trop bien vengés par les désordres qui survinrent peu après, et qui, après avoir ruiné les bourgeois de Landau, faillirent coûter à la ville son indépendance à peine acquise. En 1525, six ans après l'avènement de Charles-Quint à l'Empire d'Allemagne, et huit ans après les premières controverses de Luther, un mouvement plus ou moins prononcé de révolte, non-seulement contre l'Eglise, mais contre toute espèce de propriété et contre tous les genres d'autorité, avait éclaté en Allemagne. Ce mouvement, qui eut ses phases diverses et distinctes au nord et au midi, ne s'inspirait

---

(1) Ibidem, et *Actes du sénat de Landau*, vol. B.

pas seulement d'une sorte de fanatisme biblique né de la doctrine nouvelle du libre examen, mais d'idées communistes, que l'on est fort étonné de rencontrer au seizième siècle se formulant presque dans les mêmes termes que de nos jours. Ce communisme, dont les jacqueries des époques précédentes semblent avoir recelé le germe, et qu'il faut bien avouer avoir été provoqué par l'extrême misère des paysans, tant serfs attachés à la glèbe, que bas-vassaux des fiefs sans glèbe reconnue ou des domaines ecclésiastiques, nous apparaît en traits curieux dans la chronique de Berler que l'administration municipale de Strasbourg a éditée il y a quelques années. (1) On le voit dès avant la réformation, et dégagé encore de toute passion religieuse, préluder par des conspirations ou des émeutes contre les pouvoirs temporels et surtout contre le pouvoir temporel des communautés ecclésiastiques. Pourquoi s'attaquait-il de préférence à ces dernières? n'était-ce pas d'autant plus injuste que l'histoire du moyen-âge prouve de la part des seigneurs ecclésiastiques une mansuétude pour leurs serfs ou leurs vassaux bien supérieure à celle des seigneurs laïcs? Mais peut-être cette mansuétude, qui ressemblait parfois à de la faiblesse, encourageait-elle à son insu l'esprit de révolte, ou bien la conscience des communistes de ce temps-là se révoltait moins peut être à la pensée de détruire les biens des communautés monacales ou chapitrales que ceux des familles ou des particuliers. Contraste étrange! Les affiliés encore catholiques des *Buntschu* de 1493 et de 1513 en voulaient surtout aux biens des couvents ou des abbayes, tandis que les farouches sectaires de 1525 et de 1533 faisaient main basse sur toutes les propriétés, tant ecclésiastiques que baroniales et même bourgeoises !

En Alsace la conjuration ou le *Bundschu* de l'Ungersberg, ce rendez-vous de paysans rebelles, à qui en 1493 il n'a peut-être manqué que le succès et un but plus patriotique pour prendre dans l'histoire les proportions poétiques de la célèbre conjuration du Grutli, fut le préliminaire ou l'éclair précurseur de l'ouragan communiste de 1525. Et il semble que ses chefs, au nombre de trois, comme les trois grands chefs de la révolution helvétique, Jean Ulman de Schlestadt, Jacob Hanser de Blienswiller, et Nicolas Ziegler de Stotzheim, l'aient prévu, lorsque, leur complot ayant été déjoué par la fermeté d'Albert

(1) *Codex*, 2e partie, chronique de Materne Berler, p. 104 et suivantes.

de Bavière, évêque de Strasbourg, ils s'écrièrent, dit-on, en congédiant leurs adhérents : L'heure n'est pas venue encore, mais elle viendra ! prédiction que deux d'entr'eux ne craignirent pas de répéter après être tombés entre les mains de leurs juges et, lorsque sur le point de subir le sort réservé aux conspirateurs vaincus, ils marchèrent à l'échafaud. (1)

On la voit en effet revenir dès le comencement du siècle suivant, cette heure de l'insurrection des prolétaires, cette heure du *Bundschu*, invoquée en mourant par Ulman et par Ziegler. Dès 1513 les paysans du Brisgau, ralliés par un certain nombre de paysans du mundat de Rouffach et du Sundgau, menacent Fribourg et Brisach, après avoir mis à feu et à sang la contrée environnante. (2) Vaincus enfin et dispersés malgré les efforts de leurs chefs Jérôme, Fritz Jost et Jacob Hanser, ils trouvent pour la plupart un refuge sur les territoires de Bâle et de Schaffhouse, où les ferments d'insurrection future parviennent à couver assez librement.

Ces ferments se font jour en 1524 avec la conspiration de *Schütz de Traubach* à Schlestadt. (3) Et le sang de *Schütz*, exécuté peu après à Strasbourg, ne parvient pas à les éteindre ; comme pour toutes les passions ou les maladies morales dont le paroxysme est arrivé, il semble que les armes de la compression ne soient plus en quelque sorte que des stimulants.

En 1525 la chance était devenue meilleure pour ces réactions de la misère contre la propriété. Aussi les paysans se soulèvent-ils dès lors en masse, non-seulement sur les rives du Rhin, mais dans toute l'Allemagne, au nord comme au midi. Leurs soulèvements ont enfin un point d'appui nouveau dans la fermentation des passions religieuses éveillées au contact de la réforme. La révolution religieuse du seizième siècle a en effet, surtout en Allemagne, ce point de ressemblance avec notre révolution française qu'elle donna naissance à des doctrines et à des excès que ses premiers et plus célèbres chefs ne prévoyaient guères, et qu'ils désavouaient ou auraient voulu désavouer. Tandis qu'au nom de la liberté de conscience les princes et les villes s'insurgaient contre la hiérarchie ecclésiastique, au nom de

(1) *Codex*, 2e part., chronique de Materne Berler, p. 105. — (2) Ibidem, p. 126.

(3) Voyez Beatus Rhenanus, *rerum Germ.*, lib. III, p. 304, et Strobel, tome IV, page 12.

cette même liberté les paysans s'insurgèrent contre les princes, les seigneurs et les villes. Le libre droit d'interpréter la Bible servit ainsi à organiser le communisme du seizième siècle, comme la déclaration des droits de l'homme et les travaux des économistes modernes ont servi à accréditer les idées communistes de notre époque.

Ce communisme contemporain de la réformation et qui se formula surtout chez les premiers anabaptistes, devait à son farouche et sombre mysticisme une faculté d'expansion dont est bien loin sans doute cette opinion plus philosophique peut-être ou spéculative que pratique, qu'on appelle aujourd'hui le communisme. A l'époque de Luther les déshérités de la société étaient bien plus nombreux et bien plus irrévocablement liés à leur sort que ceux d'aujourd'hui. Ils avaient à souffrir, non-seulement de la pauvreté, mais de la servitude corporelle, de la glèbe ou du vasselage, de l'arbitraire seigneurial, et d'une foule de prétentions ou de droits excentriques qui blessaient la dignité humaine et les plus humbles instincts de la vie de famille ou de ménage. Aussi se livrèrent-ils bientôt à tous les excès lorsqu'ils rencontrèrent des chefs ou des prédicants pour leur promettre à la fois le paradis en ce monde et dans l'autre.

Il ne peut entrer dans notre plan de retracer l'histoire de ces terribles insurrections qui couvrirent de tant de sang et tant de ruines les diverses contrées de l'Allemagne, mais les annales de Landau ont aussi leur page de désordres et de souffrances à offrir à cette histoire.

Egalement aptes à posséder des fiefs, les villes impériales et les bourgeois de ces villes ne partagèrent que trop le sort des barons et des domaines ecclésiastiques pendant ces années de meurtres, de pillages, et de sévices de toutes sortes. Celles surtout d'entre ces villes qui avaient ouvert leurs portes et leurs églises aux novateurs religieux, furent les plus exposées aux malheurs de la guerre, parce qu'en leur propre sein les paysans insurgés trouvèrent plus facilement des adhérents ou des complices de fanatisme, qui les pouvaient aider à faire brèche. A Landau comme à Wissembourg quelques gens de métier, et surtout les valets et les serviteurs des gens de métier, ainsi que les journaliers et fermiers des terres de la ville avaient dépassé bien vite en enthousiasme réformateur leurs maitres ou leurs patrons. C'était au nom de l'égalité chrétienne qu'ils demandaient l'égalité des droits, le partage des biens, l'abolition des privilèges, des dîmes et même des canons de fermages. Bader contribua-t-il à les pousser à la révolte? Cela est probable, car nous le voyons à peu près à cette époque obligé de quitter la ville, chassé par ceux mêmes qu'il avait rangés sous la bannière du libre examen. Ce fut pendant cet exil qu'il publia à Strasbourg, en 1526, sa lettre apologétique à l'électeur palatin, lettre où, comme dans son catéchisme, mais à un degré moindre, on reconnaît l'exagération et le radicalisme de la doctrine de Schwenckfeld, (1) ce sectaire également odieux aux catholiques et à la majorité des protestants, et dont Luther disait que le diable avait vomi les écrits.

Quelqu'aient été en réalité les relations de Bader avec les insurgés de 1525 et quelqu'ait pu être la cause de la mesure qui le bannit momentanément de la chaire paroissiale d'où il venait de bannir l'ancienne lithurgie, le jetant comme un proscrit ou comme un rebelle hors des murs d'une cité peu de mois auparavant si enthousiaste encore de sa parole, on ne saurait douter que Bader fut à Landau le chef du parti le plus exalté, parti recruté surtout comme à Wissembourg par la classe la plus pauvre, et dont les bourgeois à pignon sur rue, quoique zélés partisans de la réforme, commençaient à avoir plus de peur que du parti catholique.

Dès le mois d'avril 1525, en même temps que les villageois du Sundgau, du haut mundat, des bailliages de Dachstein et de Saverne se soulevaient ou s'agitaient pour se soulever, des troubles graves avaienté éclaté dans le Mundat inférieur. Ces troubles, provoqués, comme quelques historiens le prétendent, (2) par les démêlés de l'abbé de Wissembourg, Rudiger, avec les bourgeois de cette ville ou plutôt seulement occasionnés par cette querelle féodale, et nés des mêmes causes que les autres soulèvements de cette époque, n'avaient pas tardé à prendre toutes les proportions d'une insurrection terrible. Au signal de la révolte d'abord donné à Neubourg puis à Cléebourg, un grand nombre de paysans s'étaient rassemblés sur ce dernier point, accourant non-seulement de Schweighofen et des autres villages abbatiaux, mais du Palatinat, de l'évêché de Spire, des terres de Fleckenstein et de Veldentz, et en général de tout le pays compris entre Seltz et Worms. (3)

(1) SCHŒPFLIN, *Als. ill.*, tom. II, par. 727.

(2) Voyez STROBEL, tom. IV, p. 64

(3) PETR. GUNDALIUS, *Seditio repentina vulgi præcipue Rusticorum anno* 1525 *excorta*. Bâle, *Henrici Petri*, 15.0, 8°, page 158.

Le chef de cette armée, car bientôt le rassemblement de Cléebourg devint une armée, était Bacchus Fischbach, vigneron de Wissembourg. Ce Bacchus qui ne devait peut-être son surnom mythologique qu'à la manie de latiniser les noms si fréquente au seizième siècle, ou peut-être aussi à une certaine propension à boire outre mesure que ses adversaires lui reprochaient, avait marqué par son exaltation et son énergie dès le début de la querelle entre l'abbaye et la ville de Wissembourg. Obligé de quitter la ville et traqué par les gens de l'abbaye dans les divers villages du ressort il s'était jeté à corps perdu dans un mouvement qui promettait à la fois sanction à ses rancunes et à ses rêves d'amélioration sociale. Dès les premiers jours, à la tête de quelques milliers d'insurgés, il avait investi le château abbatial de Saint-Remy. Ce château, défendu par une brave garnison, aurait pu tenir longtemps contre des paysans armés de faulx et de haches, si les intelligences de Bacchus avec une partie de la tribu des vignerons de Wissembourg, ne lui eussent fait livrer les fauconneaux et les engins d'artillerie que renfermait l'arsenal de cette ville. Grâce à cet équipage de siege le château de Saint-Remy fut bientôt forcé de capituler, et de capituler en pure perte, car les paysans, sans respect de la foi jurée, pillèrent aussitôt et incendièrent la forteresse à eux livrée ou confiée.

Pendant que, de plus en plus animés par ce premier succès, ils allaient investir Wissembourg, de toutes parts dans les environs s'organisait la révolte contre les seigneuries dynastiques ou municipales. Les paysans du village de Nussdorf, l'un des fiefs de la ville de Landau, se montrèrent ardents parmi tous dans cette insurrection. Aidés par une partie des artisans de Landau, ils faillirent s'emparer de la ville, qu'ils menaçaient hautement de livrer au pillage. C'était au nom de Dieu, au nom de l'égalité chrétienne, que, comme leurs adhérents campés devant Wissembourg, ils sommaient le magistrat et le sénat de Landau de leur rendre la ville. La situation du gouvernement municipal de Landau était certes fort difficile ; il ne voulait pas appeler à son aide la réaction catholique, et cependant il se sentait miné par l'exaltation d'une partie des adhérents de la réforme, et il voyait à chaque instant du jour et de la nuit les vassaux révoltés de la ville sur le point de s'emparer des portes et des murailles pour ensuite livrer au sac et au meurtre les maisons des meilleurs bourgeois. Il parvint toutefois à refouler hors des murs une partie des habitants les plus compromis avec les insurgés de Nussdorf, [1] et grâce à cette énergie d'un instant il réussit à se maintenir dans une sorte de neutralité entre Bacchus et les princes qui s'armaient pour le combattre. Ses compliments et même ses bons offices étaient pour les insurgés, auxquels il ne se faisait faute de donner, comme on dit vulgairement, de l'eau bénite de cour, mais tout en caressant les chefs des paysans, il n'avait garde de leur ouvrir les portes de la ville, et il affectait de faire une distinction entre les vassaux révoltés de la ville de Landau et les vassaux révoltés des seigneuries voisines, bien que la cause des uns et des autres fût la même, et bien qu'en bonne logique, si les rebelles de Schweighofen, de Cléebourg et autres lieux avaient raison, les rebelles de Nussdorf ne pussent avoir tort.

Déjà les paysans, enorgueillis par leurs succès et encore ivres des excès commis à Saint-Remy, avaient successivement emporté et pillé les châteaux de Gravenstein et de Landeck, Bergzabern et Anweiler, lorsqu'un matin, appelés par leurs confédérés de Nussdorf et par leurs complices de l'intérieur de Landau, ils se présentèrent en masse sous la conduite de Michel Busch aux portes de la ville, demandant à y être reçus en amis et menaçant des dernières extrémités si cette réception amicale n'avait lieu incontinent. En même temps les journaliers et une partie des vignerons de Landau s'agitaient, menaçant d'aller ouvrir les portes.

Le magistrat dut se résoudre à laisser entrer ces hordes indisciplinées qui s'abattirent aussitôt sur les cloîtres et surtout sur les caves et celliers des Augustins, ainsi que sur les autres biens ecclésiastiques, dont les bourgeois se gardèrent d'autant plus volontiers peut-être de prendre la défense qu'ils espéraient éviter par là qu'on ne s'attaquât à leurs propres biens. Cette tolérance ou cette coupable connivence ne réussit toutefois qu'à demi, et plus d'un vit sa cave et sa maison pillées aussi bien que les caves et le couvent des infortunés Augustins. Cependant l'autorité municipale ayant paru dans cette occasion faire cause commune avec les envahisseurs, parvint à se prévaloir de sa complaisance pour persuader aux insurgés de passer outre. Cette bande s'était mise en marche sous prétexte d'aller rejoindre Bacchus devant Wissembourg. Et vite le magistrat de Landau tâcha de faire écouler le torrent dans la direction de Wissembourg ; la rubrique était

---

[1] SCHŒPFLIN, *Als. ill.*, tom. II, p. 740.

toujours la même, c'était toujours l'*abominable* abbé Rudiger et sa riche abbaye qu'il s'agissait d'anéantir. Ce malheureux abbé Rudiger reste encore aujourd'hui chargé des malédictions de quelques écrivains. Cependant il semble n'avoir été qu'une sorte de bouc émissaire ; sa destinée voulut qu'il se trouvât être à la fois le dernier abbé souverain du monastère de Wissembourg et le premier prévôt mitré du chapitre des chanoines séculiers substitué au monastère par la bulle de Clément VII du 25 août 1524. Cette sécularisation de l'abbaye au moment même des prédications des premiers réformateurs ne pouvait que prêter beaucoup aux vieux ferments de discorde entre l'abbaye et la ville de Wissembourg. Aussi Rudiger devint-il en peu de temps le but de toutes les attaques non-seulement des adversaires du pouvoir temporel de l'abbaye, mais des ennemis de sa juridiction spirituelle. Il eut cette chance ou ce malheur de résumer en lui tous les griefs des nouveaux sectaires, et de paraître aussi odieux à la bourgeoisie qu'aux prolétaires des bandes pillardes de Bacchus. Enfin sa restauration par les armes des princes ses alliés acheva de vouer sa personne et sa mémoire à l'exécration des Wissembourgeois.

Cependant la défaite des principaux corps d'armée des paysans à Scherwiller et à Saverne par le duc Antoine de Lorraine, celle d'une autre de leurs bandes à Pfeddersheim par l'électeur palatin Louis V, et la terreur panique, qui à la suite de ces désastres et même de l'escarmouche assez insignifiante de Pfaffenhofen s'empara des masses mobiles de l'insurrection, avaient dispersé presqu'aussi vite qu'elle s'était formée cette armée du désordre. Les insurgés fuyant et se débandant de toutes parts avaient laissé la plupart de leurs chefs à la discrétion d'un vainqueur impitoyable. Des échafauds, des gibets, des mains coupées ou des doigts coupés avaient été les trophées de la répression. La bourgeoisie de Wissembourg avait dû payer cher sa prétendue neutralité entre Bacchus et l'abbé Rudiger, qui s'était réfugié dans l'armée combinée de l'archevêque de Trèves et de l'électeur palatin, après avoir réussi à quitter furtivement le château abbatial bloqué par les paysans. Le supplice de Jean Merckel, de Cléebourg, [1] ce prédicant peu auparavant si cher aux insurgés, ne présageait rien de bien rassurant aux partisans de Jean Bader à Landau. Le sénat de cette ville avait donc été réduit à passer d'une

(1) STROBEL, tome IV, page 30.

inquiétude à une autre. S'il était rassuré quant aux éventualités dont le menaçaient Bacchus et les rebelles de Nussdorf, il pouvait et devait craindre l'éventualité d'une attaque par les troupes palatines et archiépiscopales de Trèves. Et l'exemple de Wissembourg assiégé, bombardé et forcé de capituler, était là pour lui faire redouter une restauration semblable à celle de l'abbé Rudiger, une restauration plus désastreuse encore, celle de l'évêque de Spire.

La ville de Landau se tira assez heureusement de ce mauvais pas. Elle obtint sinon la bienveillance, du moins la non-intervention de l'électeur palatin et de ses alliés en leur fournissant des vivres pour leur armée. Elle se chargea aussi de faire la police chez elle en chassant les principaux complices de l'insurrection des rustauds, ou les plus compromis d'entre ses bourgeois, et en livrant quelques uns des paysans qui, sans y être autorisés, s'étaient réfugiés en ses murs. Grâce à cette conduite prudente et grâce aussi à l'intervention de l'unter-landvogt d'Alsace, Jacques de Mœrsperg ou Morimont, elle échappa au sort de sa malheureuse voisine d'en-deçà de la Lauter.

C'est peut-être alors seulement que Bader fut forcé de s'éloigner de sa chaire devenue un danger pour les intérêts matériels de Landau. Nous venons de le voir réfugié à Strasbourg et y écrivant en 1526 sa lettre à l'électeur palatin. Il ne tarda pas à retourner à Landau, ou du moins il y revint après les poursuites faites en 1528 par ordre du sénat de cette ville contre les adhérents, fauteurs ou complices des anabaptistes. Ses sermons toujours marqués au coin d'une sorte de mysticisme sombre et stérile lui suscitèrent encore à diverses reprises des démêlés avec les plus modérés des partisans de la réforme, quoiqu'il ne paraisse pas avoir pris parti ostensible dans la querelle des sacramentaires. Il ne mourut qu'en 1545, après avoir mis la dernière main à l'édition de son catéchisme, publié en 1544. (1)

Son successeur à la cure de Landau, Léonard Brunner, de Worms, acheva son œuvre et maintint plus paisiblement dans la paroisse l'enseignement de la doctrine des réformateurs. Brunner avait publié à Strasbourg des concordances sur la Bible et le Nouveau-Testament; il est aussi l'auteur d'une instruction sur la conduite à tenir au lit des malades et des mourants. (2)

---

(1) SCHŒPFLIN, *Als. ill.*, tome II, *Landau.*

(2) STROBEL, tome IV, page 126.

On sait que Landau fut avec Munster l'une des deux premières cités d'Alsace qui adhérèrent à la formule dite de Concorde.

Notre petite république venait à peine de cicatriser les plaies faites à ses finances par la guerre des paysans et les exigences des princes victorieux, lorsque la guerre dite de Smalkalden les compromit de nouveau. Quoiqu'il ne paraisse pas que Landau ait pris une part active à cette guerre, les sympathies de la ville pour le parti protestant ne lui valurent pas moins le courroux de Charles-Quint, et elle dut payer sa part des amendes imposées par l'empereur aux villes impériales qui avaient adhéré, non-seulement ouvertement comme Strasbourg, mais même tacitement et par leurs vœux plus ou moins exprimés spontanément, à la ligue de Smalkalden.

La ville avait dû aussi accepter l'*intérim*, cette transaction que Charles-Quint fit décréter dans la diète d'Augsbourg de 1548, et qui devint également odieuse aux catholiques et aux protestants, parce que tout en rétablissant la messe dans les paroisses où elle avait été abolie, elle autorisait les prêtres mariés à conserver leurs femmes au moins jusqu'après la décision du prochain concile, et à continuer à administrer à leurs ouailles la communion sous les deux espèces.

En 1552 Henri II, roi de France, s'étant déclaré le protecteur de la liberté germanique contre l'empereur d'Allemagne, avait fait marcher son armée vers le Rhin. Déjà son avant-garde aux ordres du connétable de Montmorency s'était avancée jusqu'au territoire de Strasbourg, et le roi, après s'être emparé des trois évêchés lorrains, avait donné rendez-vous à Saverne aux princes et aux députés des villes protestantes, (1) lorsque l'insurrection des paysans des environs de Saverne et de Bouxwiller provoquée par l'indiscipline de ses soldats, ainsi que le mauvais vouloir des Etats protestants pour ce protecteur étranger et catholique, déterminèrent le changement du plan de campagne et le retour du roi de France vers Metz en passant par la partie nord de la Basse-Alsace et par la principauté de Deux-Ponts.

Les troupes du connétable de Montmorency irritées d'avoir vu tomber entre les mains des paysans vosgiens et alsaciens une partie de leurs équipages démontés dans les mauvais passages des Vosges, et plus irritées encore de la réception à coups de canon faite à leurs coureurs sous les murs de Strasbourg, (2) se livrèrent dans cette

(1) M. DE KENTZINGER, *Documents des archives de Strasbourg*, tom. Ier, p. 37

(2) Ibidem, page 40, et STROBEL, tome IV, page 90.

retraite à toutes sortes d'excès, et les terres de Landau, se trouvant malheureusement sur leur route, eurent surtout à souffrir.

Le territoire de Landau ne devait pas en être quitte pour ces premiers sévices de l'année 1552; peu après les Français, vinrent les Brandebourgeois du margrave Albert, et quoique ces troupes aussi se présentassent au nom de la cause protestante, elles n'en traitèrent pas moins en ennemis les malheureux vassaux de la ville.

Henri II et Albert de Brandebourg eurent une entrevue à Landau afin de se concerter sur les opérations ultérieures de la campagne. Mais la convention de Passau du 2 août suivant ayant neutralisé leurs projets, ils ne tardèrent pas à se séparer, le roi de France pour aller achever la conquête du pays de Luxembourg et aller ensuite faire une diversion en Italie, tandis que le margrave de Brandebourg se portait en partisan sur les derrières de l'armée impériale qui marchait du Tyrol sur le Rhin.

Cette troisième armée n'avait pas tardé à achever dans la Basse-Alsace l'œuvre de dévastation commencée par les armées française et brandebourgeoise. S'il restait encore aux vassaux de la ville de Landau quelque champ non ravagé ou quelque maison échappée au pillage des soudarts de Montmorency ou des lansquenets d'Albert de Brandebourg, les piquiers espagnols et les arquebusiers italiens de Charles-Quint ne manquèrent pas d'en faire table rase.

Pour comble de ruine Sa Majesté Impériale et Royale daigna octroyer le don de sa visite, et d'une assez longue visite, à la ville de Landau.

Charles-Quint, qui arrivait de Strasbourg et se disposait à aller faire le siège de Metz, que devait si glorieusement défendre le duc de Guise, fit son entrée à Landau avec une grande pompe. Moins complaisant qu'à Strasbourg pour les susceptibilités des bourgeois, il avait voulu être accompagné, non pas comme en cette grande ville par une très-faible escorte, mais par une partie de son armée. Il fallut remettre à ses hallebardiers castillans les portes de la ville, et cette garde étrangère, enorgueillie d'appartenir au monarque le plus puissant de l'Europe, zélée catholique comme le furent toujours, au moins jusqu'à ces derniers temps, les Espagnols, mit bientôt le comble à la stupéfaction des protestants de Landau, en témoignant hautement de son mauvais vouloir et de son dédain pour les sectateurs du nouveau culte. Cet effroi redoubla encore lorsque les bourgmestres et le sénat étant allés recevoir l'empereur et lui présenter les clés de la ville, le virent s'avancer précédé par de nombreux chapelains et aumôniers à cheval, qui formaient en quelque sorte ses gardes-du-corps spirituels, tandis qu'une brillante chevalerie autrichienne, flamande et espagnole dressait derrière eux sa formidable forêt de lances à banderoles et de casques empanachés.

Malgré ces pronostics d'hostilité Charles-Quint, pendant les seize jours qu'il séjourna à Landau, se montra fort peu hostile aux protestants de cette ville. Bien qu'il ne fût plus dans la période de sa politique qui avait caressé, pour s'en faire une force contre Rome, les dissidents d'Allemagne, il sut dans cette circonstance faire taire son zèle et rester sourd aux suggestions de son entourage. Au moment d'avoir sur les bras les forces du roi de France, il ne voulait pas laisser derrière lui en Allemagne des foyers nouveaux d'insurrection. Aussi se borna-t-il à montrer sa prédilection aux quelques catholiques restés à Landau en faisant célébrer une messe solennelle dans l'église qui était depuis près de trente ans déjà l'objet du litige entre les partisans de l'ancien et du nouveau cultes. Cette église ne fut pas même enlevée par là aux prédications des ministres luthériens, soit que dans la pensée de l'empereur elle dût rester mixte, soit plutôt que Charles-Quint affectât de croire qu'en y faisant une fois célébrer la messe il la rendait implicitement aux catholiques.

Les stipulations de Passau ramenaient d'ailleurs quelque peu l'empereur vers le parti qu'à son avènement au trône germanique il avait paru vouloir favoriser ou du moins ne pas contrarier. L'*in érim* venait d'être aboli en attendant la réunion d'une nouvelle diète destinée à terminer à l'amiable les disputes sur la religion, et les protestants avaient reçu l'assurance de jouir en sécurité de la liberté de conscience jusqu'après les décisions de cette diète substituée au concile pour le jugement du dogme. Promesse leur avait même été faite que si la diète ne parvenait pas à accorder catholiques et luthériens, la transaction de Passau et la liberté de conscience, qu'elle stipulait, deviendraient loi de l'Empire, (1) ou auraient force de loi perpétuelle. Ce retour de Charles-Quint vers les idées de tolérance ne réussit pas, il est vrai, à faire tomber les armes des mains de tous les protestants. Le margrave de Brandebourg-Bareuth, mis au ban de l'Empire, per-

(1) PFEFFEL, *Histoire du droit public de l'Allemagne*, tome II, page 177.

sistait à refuser de se soumettre et continuait les hostilités contre les princes ecclésiastiques de la Franconie et de la province rhénane. Peut-être était-il sous main encouragé par la politique de l'empereur, qui, tout en se déclarant le champion de la foi catholique en Allemagne, n'était pas fâché de voir les princes des deux cultes s'affaiblir les uns les autres par leurs querelles et préparer ainsi eux-mêmes les voies au pouvoir absolu du nouveau Charlemagne.

Ce fut peut-être pour ménager à la fois, comme on dit vulgairement, la chèvre et le chou, que Charles-Quint alla se loger à Landau dans la maison d'Ehrhardt de Helmstadt, (1) qui était à la fois proche parent de l'évêque de Spire et de l'un des principaux membres de l'ancienne ligue de Landau sous Frantz de Sickingen.

Rassuré sur les disposition des bourgeois de Landau par ce séjour de plus de deux semaines au milieu d'eux, et plus rassuré encore sur l'échéance possible de leurs mauvais vouloirs par la mise à sec des épargnes municipales, ruinées coup sur coup dans le cours de cette année 1552, d'abord par le passage du roi de France Henri II et du margrave de Brandebourg, puis par sa gracieuse visite, Charles-Quint quitta enfin Landau pour marcher à la tête de son armée contre le duc de Guise retranché dans Metz.

Toutefois, à l'exemple des empereurs ses prédécesseurs, il ne se mit pas en route sans payer l'hospitalité des bourgeois par quelques confirmations de priviléges. Car Landau n'en était plus à avoir besoin de priviléges nouveaux. Déjà en 1521 il avait, par un diplôme daté de Worms, ratifié l'annexion définitive de la ville à la landvogtey d'Alsace et confirmé l'engagement de la ville à la ville même. Ces confirmations de priviléges ou de droits dès lors non contestés étaient sans doute un papier-monnaie peu coûteux pour la chancellerie impériale, mais elles avaient toujours l'avantage de rassurer les bourgeois de Landau sur les chances inconnues de l'avenir, surtout lorsque, par suite de la cession des duchés d'Autriche et de Wurtemberg à l'archiduc Ferdinand, frère de l'empereur, le titre de landvogt d'Alsace, d'abord conféré à ce dernier, fut restitué à l'électeur palatin. Ce retour de la landvogtey d'Alsace à la maison palatine n'était d'ailleurs qu'un engagement ou plutôt un sous-engagement provisoire. Chose étrange que ces engagements et sous-engagements de la féodale Allemagne!

---

(1) Voyez BIRNBAUM.

La landvogtey d'Alsace retirée par Maximilien Ier à la maison palatine, avait été par lui-même, en sa qualité d'empereur, engagée à la maison d'Autriche, et c'était la maison d'Autriche, non l'empereur, c'était Charles-Quint chef de la maison d'Autriche, plutôt que Charles-Quint empereur d'Allemagne, qui engageait de nouveau cette landvogtey aux Palatins, moyennant 40,000 écus du Rhin et une rente de 8000 florins d'or sur les Pays-Bas. (2) Il fallait que l'abus des engagements eût poussé de bien profondes racines en Allemagne pour que même l'empereur Charles-Quint, si riche déjà de ses possessions espagnoles de l'Inde occidentale, n'eût pas honte d'y avoir recours. Mais ce retour au comte palatin ne fut pas de longue durée, car en 1556 la landvogtey d'Alsace retirée à l'électeur Otton-Henri, fils de Rupert ou Robert, rentra dans la maison d'Autriche, qui la conserva jusqu'aux traités de Westphalie.

Landau, comme le reste de l'Alsace, n'eut plus de rôle marqué, depuis 1552, dans la guerre entre la France et l'Empire, guerre que ne finit pas même immédiatement l'abdication de Charles-Quint. Elle avait fourni pour cette guerre son contingent de soldats à l'armée impériale.

La période de paix ou plutôt la trève armée dans laquelle les catholiques et les protestants d'Allemagne entrèrent pour leur commun avantage vers la fin du règne de Charles-Quint et sous son successeur Ferdinand Ier, eut peut-être pour Landau plus de bienfaits encore que pour la plupart des autres cités où les deux cultes restaient en présence. Il y a lieu sans doute d'en faire honneur à la modération du parti dominant, mais peut-être l'épuisement des finances de la ville contribua-t-il à cette modération, car l'abus de la force contre les bourgeois restés catholiques, aurait eu pour effet de les obliger à s'expatrier, ce qui n'aurait pu se faire sans de nouveaux dommages pour la fortune publique. Au contraire grâce à la tolérance ou à la prudence montrée en cette occasion par le magistrat de Landau, la situation financière ne tarda pas à s'améliorer assez rapidement, malgré les années de sécheresse qui sévirent à cette époque, entr'autres et surtout l'année 1559.

Ce n'est pas que pendant la seconde moitié du seizième siècle

---

(2) SCHOEPFLIN, *Als. ill.*, tome II, *Landvogts d'Alsace*, paragraphe 266 des généalogies historiques.

Landau ait pu tout-à-fait se garer des malheurs de ce temps. Le contre-coup des guerres de religion ne pouvait manquer de s'y faire parfois sentir. La lutte entre catholiques et protestants, quoiqu'elle eût passé avec ses plus grandes fureurs du sol de l'Allemagne sur le sol de France, avait parfois des incidents désastreux pour les provinces frontières, mais ces accidents n'étaient pas assez prolongés pour altérer sensiblement leur bien-être.

A titre de voisine du théâtre de la guerre la ville de Landau eut donc, comme d'autres villes d'Alsace, à souffrir assez souvent du passage des reitres et des lansquenets levés en Allemagne pour aller renforcer l'armée des huguenots de France. Ainsi en 1568 la campagne autour de la ville fut fort maltraitée, malgré la communauté de principes religieux, par le contingent que Casimir, fils de l'électeur palatin, Frédéric III, amena à l'amiral de Coligny.

Dans cette même année 1568 une autre troupe de huguenots réfugiée à Strasbourg sous les ordres du capitaine dauphinois La Coche (1) ayant fait une tentative sur Neubourg, y avait été taillée en pièces par le duc d'Aumale accouru de Metz à la tête d'un corps de troupes royales. Une partie des vaincus avait cherché un refuge sur les terres de Deux-Ponts et jusques sur le territoire de Landau, mettant tout à feu et à sang sur son passage, si bien que même les paysans protestants s'armèrent contre eux, et les traquèrent comme des bêtes fauves, tandis que les coureurs du duc d'Aumale menaçaient à leur tour les campagnes du Palatinat et de la Basse-Alsace. Cette dernière invasion fut heureusement arrêtée grâce aux vives réclamations de l'empereur Maximilien II auprès du roi de France, Charles IX, qui invita le duc d'Aumale à ne pas continuer la poursuite sur les terres de l'Empire.

La nouvelle armée que Jean Casimir vint au mois de juillet 1587 réunir près de Strasbourg aux régiments suisses levés par Clairvaut pour le service de Henri IV ou plutôt Henri de Navarre, ne fit pas moins sentir son passage aux terres de Landau qu'à celles de Strasbourg, et les regrets témoignés par le chef des réformés de France à ses bons amis les *magnifiques seigneurs Ammeistre, Stettmeistres et Conseil de la République de Strasbourg* (2) au sujet des excès commis

---

(1) STROBEL, tome IV, page 156.

(2) *Documents des archives de Strasbourg*, par M. DE KENTZINGER, t. Ier, p. 108.

contre leurs corréligionnaires d'Alsace par les soldats mercenaires levés en Allemagne et en Suisse auraient pu à aussi bon droit être adressés aux bourguemestres et sénat de la ville impériale et libre de Landau.

En 1577, le 11 mars, fut renouvelé le pacte de défense mutuelle entre les dix villes libres de la landvogtey d'Alsace, parmi lesquelles Landau, quoique la dernière venue, eut le 5e rang. (1)

La mort de l'évêque de Strasbourg, Jean de Manderscheid, avait rallumé dès 1592 ce fatal brandon des guerres de religion qui, depuis 1556, avait été éloigné du pays par la sagesse des successeurs de Charles-Quint. La dignité épiscopale de Strasbourg ou plutôt la principauté épiscopale se trouvait disputée par des représentants des deux cultes. D'une part Jean-Georges de Brandebourg élu par les quatorze chanoines protestants du grand chapitre, et d'autre part le jeune cardinal Charles de Lorraine, évêque de Metz, élu par les sept chanoines restés catholiques, avaient couru aux armes. Il peut paraître assez singulier de voir une mître d'évêque servir ainsi de but à l'ambition non-seulement d'un prince catholique mais d'un prince protestant; mais la mître épiscopale de Strasbourg ne conférait pas seulement des droits spirituels, elle était en outre le signe d'une puissance féodale aussi riche que militaire.

Landau, quoique ne faisant point partie du diocèse de Strasbourg, n'avait pu garder une complète neutralité dans cette querelle. Les vœux du parti dominant étaient pour la ville de Strasbourg et son prétendant protestant à l'évêché. Aussi, lorsque les chances de la guerre eurent tourné en faveur du cardinal de Lorraine, lorsque la prise de Wasselonne et de son château eut permis aux troupes épiscopales et lorraines, de pousser des partis en-dehors de leur ligne d'opération et de menacer les alliés ou les adhérents des Strasbourgeois, on put craindre un instant à Landau quelqu'attaque du cardinal. Déjà des préparatifs étaient faits pour soutenir un siège, et les portes de la ville avaient reçu double garde de bourgeois armés de pied en cap. Mais tout se borna à quelques sévices de maraudeurs sur les terres de Nussdorf et autres de la dépendance de Landau. La trêve de dix ans conclue à Sarrebourg entre le cardinal de Lorraine et le margrave de Brandebourg ôta bientôt à nos bourgeois toute inquiétude

(1) Strobel, tome IV, p. 176, note.

touchant les projets du cardinal, et lorsque cette trêve expira vers la fin de l'année 1602, il ne paraît pas que Landau ait pris aucune part, même par quelque démonstration sans portée, au renouvellement des hostilités.

## GUERRE DE TRENTE ANS ET CESSION A LA FRANCE.

Le rôle politique et militaire de Landau ne fut pas précisément très-brillant, mais pour ainsi dire très-accidenté pendant les vicissitudes de ces grandes luttes de la première moitié du dix-septième siècle où Suèdois, Espagnols, Français, Anglais, Allemands du Nord et du Midi, catholiques et protestants, se ruèrent les uns contre les autres, en Alsace et sur les bords du Rhin, comme en Belgique, en Bohème, en Saxe et en Hollande.

Dès la naissance de ce siècle l'horizon s'était montré de plus en plus obscurci par ces nuages bas et épais qui recèlent et annoncent la tempête. La paix assez mal plâtrée entre les princes et Etats catholiques et protestants avait déjà maintefois été troublée par des prises d'armes isolées telles que la lutte entre la ville de Strasbourg et son prince-évêque, ou celle qui fit expulser de Cologne l'archevêque-électeur Gerhard de Truchsess, ce vieillard amoureux qui, pour épouser la belle Agnès de Mansfeld, avait rompu avec l'Eglise et s'était fait calviniste. Chaque incident de la guerre des Pays-Bas contre l'Espagne avait, comme dans le siècle précédent les luttes de la Ligue en France, son contre-coup en Bohème et sur le Rhin allemand. Les passions fermentaient de plus en plus, les têtes se montaient, en attendant que partout les épées sortissent toutes seules du fourreau. Du côté des protestants les motifs de mécontentement étaient le caractère astucieux ou faible de Rodolphe II, les relations toujours plus intimes du chef de l'Empire germanique avec l'Espagne, sa partialité dans les querelles relatives à la succession des duchés de Juliers de Clèves et de Berg, et dans les nouvelles querelles et luttes à main armeé de l'évêque de Strasbourg, Léopold d'Autriche, contre sa ville épiscopale devenue l'une des capitales du protestantisme, enfin, et surtout dans l'abolition de la suprématie protestante dans les villes impériales d'Aix-la-Chapelle et de Donaverth (1599 et 1606), et la destruction de Mulheim par les troupes Espagnoles (1614).

De leur côté, les princes écclésiastiques et les villes restées catholiques s'indignaient des violences et des insultes trop prodiguées à leurs coréligionaires dans les lieux où ces derniers étaient en minorité, des coups portés à l'abbé de Sainte-Croix à Donaverth pendant qu'il officiait dans une procession, des tendances protestantes de l'archiduc Mathias, le futur successeur de Rodolphe II, surtout des ligues ou pactes d'union des Etats protestants à Heilbronn, à Friedberg, à Francfort, à Spire, à Heidelberg, à Aschausen, à Halle, à Nuremberg, de leurs intelligences avec le roi de France, Henri IV, et avec le ministère de son successeur.

Ainsi des deux côtés déjà en Allemagne les deux partis étaient si exaspérés qu'ils ne se bornaient plus à vouloir vider leurs querelles entr'eux, mais qu'ils cherchaient des appuis à l'étranger; les protestants allemands tournaient leurs regards vers la France comme les catholiques allemands tournaient les leurs vers l'Espagne, et il était dès-lors facile de prévoir que la guerre, une fois allumée, se ferait surtout au profit de l'une ou l'autre de ces deux puissances étrangères.

L'introduction du protestantisme en Allemagne avait donc été un dissolvant de plus pour cette unité germanique déjà si difficile à maintenir alors qu'une seule religion y florissait.

Landau appartenait entièrement à cette époque à l'alliance protestante. Non pas qu'il n'y eût plus de catholiques à Landau, mais ils avaient perdu toute influence, et n'étaient plus que tolérés, ce qui, dans ce temps-là, ne laissait pas que d'être un assez rare mérite de la part du culte dominant et fait honneur à la modération des protestants de Landau.

Ces derniers avaient donné une nouvelle preuve de cette modération en adoptant les premiers en Alsace avec Munster la *formule de concorde*, cette profession d'orthodoxie nouvelle que le luthéranisme opposa au protestantisme plus radical de Calvin, sur le point de s'étendre en Allemagne et de modifier profondément l'œuvre du réformateur de Wittemberg. Il est probable que si Bader eût encore vécu à cette époque il se fût indigné de cette reculade ou de cette halte de ses ouailles dans la voie qu'il leur avait ouverte. Car la *formule de concorde* était dans le fond aussi hostile au principe de la libre interprétation de l'Evangile que pouvait l'être la doctrine catholique, et le synode assemblé à Maulbronn, puis à Bergen, ne pouvait prétendre à plus d'autorité que le pape et le concile de Trente. On peut conjecturer que les sentiments alsaciens des habitants de Landau furent pour qnelque chose dans cette adhésion, car les théologiens du Palatinat repoussaient la *formule de concorde*, tandis qu'à Strasbourg même, cet ancien chef-lieu de la Tetrapole, on abandonnait ou se disposait à abandonner l'œuvre de Hédion pour revenir à la confession saxonne.

Mais à l'approche de la guerre de trente ans il ne s'agissait plus de doctrine; les intérêts matériels des deux cultes, devenus des partis politiques, avaient bien plus d'empire que les contestations théologiques, et le canon allait devenir le seul argument des cultes opposés, ou plutôt les cultes opposés n'allaient plus servir que de prétextes ou d'appoint à l'ambition de la domination temporelle.

Repoussé de la Bohème après la défaite de l'union protestante à Weisenberg, près de Prague, le 8 novembre 1620, le comte de Mansfeld était venu former une nouvelle armée aux lieux mêmes où un siècle auparavant François de Sickingen avait organisé les premières phalanges luthériennes. Il avait grand besoin d'argent et, habitué à ne pas ménager beaucoup plus les cités protestantes que les cités catholiques, il en avait demandé au magistrat de Landau. Ce n'était pas le compte de la ville; ses sympathies étaient toujours encore pour l'armée des princes protestants, mais elle ne voulait pas risquer de se brouiller avec l'empereur Ferdinand II en faisant trop ouvertement cause commune avec ses ennemis déclarés. La somme exigée, 20,000 florins, était d'ailleurs exorbitante aux yeux des bourgeois. Ils représentèrent humblement à Mansfeld que l'épargne municipale ne contenait pas 20,000 florins, et restèrent même insensibles à la réponse un peu ironique peut-être du général protestant : Bah, mes amis, songez donc qu'il s'agit de notre religion ! Ne préférez pas les biens de ce monde aux biens éternels (1).

Impatienté du peu d'effet que son homélie paraissait faire sur les gens de Landan, et des délais qu'ils apportaient à payer les 20,000 florins, le comte de Mansfeld vint de son camp de Franckenthal investir Landau et y entra après une faible résistance. Tandis que les reitres pillaient les maisons des bourgeois, il renouvela au sénat sa demande de subvention ajoutant que par égard pour ses coréligionnaires il se contenterait de 15,000 florins.

(1) STROBEL, tome IV, page 126.

Il fallut bien cette fois s'exécuter, mais où prendre même les 15,000 florins ? Le trésor public comme les bourses des particuliers venaient d'être mis à sec par les reitres, les lansquenets et les mousquetaires à pied du terrible champion de l'union protestante. Dans cette extrémité le sénat de Landau eut recours à la ville de Strasbourg, cette protectrise née pour ainsi dire des autres cités d'Alsace. Il députa deux de ses membres à Strasbourg et ils en revinrent avec la somme demandée (2), et, de plus, avec toutes sortes de bons conseils que les sages Ammeistre, Stettmeistres, Treize, Quinze et Vingt et un de Strasbourg ne manquèrent pas l'occasion de leur donner à l'effet du réglement de cette somme à titre de don particulier et non à titre de subside, afin d'éviter de se commettre avec l'Empire.

Mansfeld n'était pas homme à chicaner beaucoup sur le mot, pourvu que la chose fût payée. Il daigna donc accepter les 15,000 florins à titre de don particulier des habitants de Landau, puis, voyant qu'il n'y avait plus rien, pour le moment, à tirer de la ville, il partit avec son armée pour aller, en passant, livrer au pillage l'abbaye de Wissembourg, mettre à rançon cette ville, assiéger et prendre Lauterbourg, Haguenau, Niedernai, Obernai, Andlau, Rosheim, Bœrsch, Mutzig (3), investir à deux reprises et sans succès Saverne, insulter Wasselonne, alors seigneurie de Strasbourg, mettre à contribution cette grande cité libre elle-même, pousser des partis jusqu'à Brisach, Ensisheim, Cernay; dévaster à sac, feu et sang, les villages de la plaine, aussi bien les protestants que les catholiques, et enfin, exécré par les deux partis, évacuer l'Alsace ruinée devant les forces bavaro-autrichiennes et espagnoles de l'archiduc Léopold, pour se replier par l'évêché de Spire et le Palatinat sur la Belgique.

Ces deux campagnes de Mansfeld, commencées dans l'automne 1621 et terminées vers l'automne de l'année suivante, avaient presqu'autant alarmé les cités protestantes de l'Alsace que les catholiques, car le comte avait témoigné hautement l'intention de se faire de l'Alsace une principauté, et en attendant, ses soldats avaient fait main basse sur tout le pays sans guères respecter davantage les clochers protestants que les clochers catholiques. Aussi l'archiduc Léopold en sa qualité de Landvogt d'Alsace, sinon en celle de prince-

(1) Strobel, tome iv, page 126.

(2) Ibidem.

évêque de Strasbourg, fût-il reçu sans trop de défaveur par les protestants des villes et des campagnes. Landau, aussi, n'avait pas de regrets à donner au départ de Mansfeld, mais l'arrière-garde de ce dernier ayant laissé quelque garnison dans la ville, les bourgeois durent à cette circonstance la mortification d'un investissement par les troupes espagnoles détachées de l'armée de Spinola et mises à la disposition de l'archiduc Léopold, investissement qui aboutit, non sans quelque effusion de sang, à l'entrée des Espagnols dans Landau.

Le théâtre de la guerre ayant ensuite été porté en Saxe et les victoires de Tilly ayant assuré sur le Rhin la domination impériale, la garnison espagnole ne tarda pas à quitter Landau qui jouit pendant quelques années d'un simulacre de neutralité et d'indépendance sous le bon plaisir des généraux de l'Empire. Mais, en 1626, les hostilités ayant recommencé avec assez de vivacité sur le Rhin par suite de la prise d'armes du margrave de Bade-Dourlach qui, après la mort de Mansfeld, avait rallié quelques débris de son armée et l'avait réorganisée en Alsace, les troupes austro-espagnoles de l'archiduc-landvogt revinrent investir Landau, y entrèrent par capitulation et l'occupèrent jusqu'en 1631.

Cette année à jamais célèbre de la guerre de trente ans qui marqua l'apparition en Allemagne du héros de la Suède ne tarda pas à avoir pour Landau et pour l'Alsace sa part de combats et de malheurs. La victoire de Leipsick avait ouvert aux Suédois l'accès de la haute Allemagne, et le rhingrave Louis Otton qui commandait leur avant-garde, après avoir défait les Espagnols près de Franckenthal, s'empara successivement de Spire, de Germersheim et de Landau. Cette derniére place avait été abandonnée par les impériaux et se rendit sans coup férir aux Suédois. C'était la quatrième prise de cette ville depuis le commencement de la guerre, et ce ne devait pas être la dernière.

Cependant les Espagnols avaient repris possession de Franckenthal et faisaient de fréquentes sorties sur le territoire de Landau, tandis que le colonel Ossa, chassant devant lui en Alsace les corps Suédois que le comte palatin Christian de Birckenfeld y avait cantonnés et trop disséminés, débloquait Haguenau, reprenait Lauterbourg et s'avançait pour reprendre aussi Landau. Mais il dut s'arrêter sur la Lauter à l'approche du duc de Saxe-Weimar qui partit de Worms pour se porter entre lui et Franckenthal, afin d'empêcher la jonction des Espagnols et des Impériaux devant Landau.

Ce mouvement sauva, sans doute, Landau d'une reprise immédiate, mais les Espagnols, commandés par le comte d'Embden, avaient été renforcés par un fort détachement sous les ordres de don Philippe de Silva; ils purent reprendre la campagne et menacer les places du parti protestant. En attendant l'arrivée de leur principale armée qui s'avançait des Flandres, ils avaient déjà repris Spire sur le colonel suédois Horneck, lorsque la jonction des corps suédois et protestants du rhingrave, du comte de Nassau, d'Oxenstiern, et du duc de Saxe-Weimar les força de battre en retraite, en se bornant à ravitailler Franckenthal où ils laissèrent trois cornettes ou escadrons de cavalerie et 1500 fantassins [1].

Bientôt après arrivèrent à Wissembourg et devant Landau les premiers coureurs de l'armée française envoyée pour agir de concert avec les Suédois contre les diverses places du Palatinat et de la Souabe restées au pouvoir des Impériaux et des Espagnols, mais le maréchal d'Effiat, qui la commandait, étant venu à mourir à Lutzelstein, ses troupes reçurent l'ordre de se porter sur la Moselle et de couvrir l'attaque de Coblentz par le maréchal Horn, qui se remit ensuite en possession de Spire, et, pour aider Landau à se protéger contre la garnison de Franckenthal, y jeta quelque faible détachement.

Pendant les opérations de l'armée du maréchal Horn et du rhingrave contre les places tenues en Alsace par les Espagnols, les Lorrains et les Impériaux, Landau ne fut pas à l'abri non plus des calamités de la guerre, car les Espagnols tenaient toujours, non-seulement Frankenthal mais Germersheim et de l'autre côté du Rhin Heidelberg. D'abord contenus par le voisinage des forces suédoises et françaises, ils n'avaient pas tardé, dès que les premières s'étaient répandues dans l'éveché de Strasbourg, et les secondes concentrées sur la Moselle, à pousser leurs sorties au loin pour essayer de faire diversion pendant l'attaque d'Obernai et surtout pendant le siège de Benfeld. Les villages du territoire de Landau se ressentirent plusieurs fois de leurs incursions.

La mort de Gustave-Adolphe et la dislocation de l'armée suédoise, par suite de cet événement, ne changèrent pas beaucoup d'abord

[1] *Le Soldat suédois* 1634, p. 474.

la situation de l'Alsace que les Suédois continuèrent à occuper, même après le départ de leur illustre chef pour aller rejoindre avec une partie de ses troupes le duc Bernard de Saxe-Weimar et tenter de faire lever le siége de Nördlingen. La défaite des armées suédoise et protestante près de cette ville, le 6 septembre 1634, par l'archiduc Ferdinand, roi de Hongrie, l'infant d'Espagne, les généraux Gallas et Piccolomini, eut des retours plus caractérisés pour les récentes conquêtes suédoises en Alsace. Pendant que le rhingrave, pressé d'un côté par l'insurrection des paysans du Sundgau et par le duc de Lorraine, de l'autre par les Espagnols du duc de Feria, se repliait avec sa petite armée de six ou sept mille hommes, les villes catholiques de l'Alsace, un instant soumises aux Suédois, se déclaraient de nouveau pour l'Empire, et d'autre part les cités protestantes, plutôt que de retomber aux mains des Espagnols et des Impériaux, appelaient à leur aide les troupes françaises.

Le cardinal de Richelieu, cet adversaire implacable des protestants de France et cet allié dévoué des protestants d'Allemagne, épiait ce moment pour intervenir avec plus d'autorité dans les affaires de l'Empire. Tandis qu'une armée française, aux ordres du cardinal de La Valette, s'avançait au secours des vaincus de Nördlingen, un détachement moins considérable, commandé par le maréchal de La Force, fournissait des garnisons à Haguenau, au château de Hoh-Barr et à Reichshoffen, occupait ensuite Ingwiller, Neuwiller et Bischwiller, et courait investir Landau où une garnison impériale venait à peine de s'installer après le départ de l'arrière-garde suédoise.

Le siège ne fut pas long et en 1634 les Français entrèrent dans Landau, où ils laissèrent garnison ainsi qu'au château de Madenburg sous le commandement du comte d'Arpajon. Landau fut ainsi, avec les localités ci-dessus citées, l'une des premières places de l'Alsace qui passa sous la domination de la France [1].

Désormais la guerre avait changé de caractère et de but. Il ne s'agissait plus d'assurer en Allemagne la prépondérance de la religion catholique ou de la religion protestante, mais de conserver la prépondérance de la maison d'Autriche ou de lui substituer la domination du roi de France et de son ministre, le cardinal de Richelieu. Les troupes royales de France, ces mêmes troupes qui avaient com-

---

[1] *Réunion de l'Alsace à la France*, par M. le baron Hallez-Claparède, p. 166.

battu à La Rochelle les dernières bandes calvinistes, étaient appelées par les Etats protestants d'Allemagne pour leur servir de dernier appui contre l'empereur et l'Empire, et ce qu'il y avait de plus étrange, c'est que l'ecclésiastique catholique qui gouvernait le royaume de Louis XIII chargeait un autre ecclésiastique catholique (le cardinal de La Valette) de commander les troupes envoyées au secours des hérétiques allemands. Cette politique, qui n'était au fond que la continuation de la politique de Henri IV, et qui, on ne saurait le nier, porta à son comble dans le dix-septième siècle la grandeur de la France, eut pour phase première, en Alsace, l'achat par le roi, en 1635, des places de la province occupées par les Suédois ou plutôt l'érection de la landvogtey en un gouvernement pour le duc de Saxe-Weimar, chef des régiments suédois et allemands passés à la solde de France. Si l'on pouvait douter que, dès-lors, l'Alsace fut considérée par Richelieu comme devant rester française, il suffirait de se rappeler que le même acte, qui octroya l'Alsace au chef de l'armée weimarienne, détermina que 12,000 hommes de troupes françaises feraient partie de cette armée (1).

Toutefois l'Alsace n'avait pas encore échappé à l'étreinte impériale. Le traité de Prague, en terminant la guerre de Bohème et en séparant de l'alliance franco-suédoise l'électeur de Saxe ainsi que les autres princes de l'union protestante à l'exception du landgrave de Hesse-Cassel et du duc de Saxe-Weimar (2), avait permis aux généraux de l'empereur de s'occuper davantage des possessions héréditaires de l'Autriche en Alsace et des Etats d'Empire en cette province. Ils se remirent en possession de Saverne et du Sundgau, s'emparèrent de Philippsbourg et forcèrent la petite garnison française de Landau d'évacuer cette place afin de ne pas se trouver compromise entre les Bavarois et les Espagnols du Palatinat, et les Impériaux redevenus maîtres de la Haute-Alsace et de l'évêché de Strasbourg.

Landau dut à ces opérations militaires de pouvoir reprendre, pendant quelque temps, son autonomie et de pouvoir se garder elle-même comme aux beaux jours de son indépendance, mais ce répit octroyé au patriotisme des bourgeois ne fut pas long.

---

(1) Traité de Compiègne du 26 octobre 1635.

(2) PFEFFEL, *Histoire d'Allemagne*, tome II, page 331.

Bientôt le combat de Vaudrevange ayant chassé le général Gallas et le duc de Lorraine de la ligne de la Saar, les troupes françaises et weimariennes reprirent possession de la Basse-Alsace, moins les quelques places encore occupées par les Impériaux. Les Français rentrèrent alors dans Landau, et ce fut de leur quartier général en cette ville que les maréchaux de La Force et de Brézé partirent pour investir Spire, de concert avec le duc de Saxe-Weimar (1).

L'occupation de Landau par la France n'avait, d'ailleurs, rien encore de permanent; elle se modifiait suivant les circonstances de la guerre, et celle-ci ayant de nouveau, en 1636, permis aux Impériaux et aux Espagnols un mouvement offensif, Landau fut derechef remis à la garde de ses bourgeois, et il ne paraît pas que les Français en aient peu après repris possession, lorsque, par suite des opérations du cardinal de La Valette pour faire lever le siège de Colmar, et des succès du maréchal de La Force et du duc de Saxe-Weimar, les Lorrains et les impériaux furent de nouveau refoulés jusqu'au Rhin.

Mais en 1638, le duc de Saxe-Weimar préluda par la prise ou l'occupation de Landau à cette brillante campagne qui aboutit à la bataille de Rheinfelden et à la conquête de Brisach. Ce qui n'empêcha pas ou ce qui fut cause que l'année suivante les Impériaux, aux ordres du général de Bamberg, s'en remirent en possession lorsque la garnison weimarienne en fut retirée pour marcher avec le comte de Nassau au secours de Brisach (2).

Possession de courte durée, car les Français, commandés par le duc de Longueville, vinrent dans cette même année 1639 assiéger Landau et s'en rendre maîtres ainsi que de Neustadt, Anwiller et Bergzabern, après une lutte courte mais fort vive. C'était, pour le coup, la septième fois de la prise et reprise de Landau par les deux partis bélligérants depuis le commencement de cette longue guerre.

Suivant Schœpflin, les Français ne cessèrent plus de l'occuper depuis l'année 1639 jusqu'en 1650, après la paix de Westphalie (3); mais il paraît que cette occupation fut de nouveau interrompue par les succès des Impériaux du général Mercy, au commencement de la

---

(1) LAGUILLE, *Histoire d'Alsace*, page 125.

(2) Ibidem, tome II, pages 152-155.

(3) SCHOEPFLIN, *Als. ill.*, tom. II, *Landau.*

campagne de 1644. Après la bataille de Fribourg, gagnée par Condé et par Turenne contre ce général, les places précédemment évacuées furent réoccupées, et Landau fut du nombre [1]. Tandis que le prince de Condé se portait avec le gros de l'armée sur Philippsbourg et Mayence, Turenne reprenait pour la France, Landau, Creutznach et Bingen [2].

C'est donc aux grands noms de Turenne et de Condé que se rattache la conquête définitive de Landau par la France, dans les dernières années de la guerre de trente ans, et cette ville déjà prise et reprise depuis 1634, par les Français, ne cesse plus, à partir de 1644 jusqu'à la paix de Munster et même après la paix de Munster jusqu'en 1650, d'avoir une garnison française.

Dire combien Landau dut souffrir pendant ces fluctuations de la guerre de trente ans et ces prises et reprises continuelles par les armées belligérantes, c'est faire saigner les plaies de la plupart de nos villes d'Alsace pendant cette période. Délabrement des finances, pillage des propriétés municipales et particulières, sévices contre les personnes, famine, peste, tout concourut à frapper les malheureux bourgeois de Landau, qui, dès le début de cette guerre, avaient eu le désappointement de voir leur ville prise et rançonnée par leur coreligionnaire Mansfeld, et qui, à force de subir mêmes rigueurs et mêmes exactions de la part des défenseurs de la ligue catholique et de la ligue protestante, de la part, en un mot, de tous les généraux allemands, avaient été conduits à saluer avec joie les armes de France comme une garantie de repos, de sécurité et de bien-être.

Indépendamment des contributions de guerre, tant en nature qu'en argent, des corvées imposées par les chefs et même par les soldats des diverses armées, de la destruction des moissons et des vignes, des pillages et des incendies, la ville de Landau était restée imposée pendant toute cette période aux charges légales envers l'Empire. Seulement chaque maître du moment prétendait bénéficier du paiement de ces impositions, ce qui faisait souvent payer deux fois la même contribution dans le cours d'une même année, suivant que la ligue Hispano-impériale ou l'union franco-protestante dominaient dans la ville.

Aussi le traité de Munster, signé le 24 octobre 1648, fut-il pour

---

(1) Birnbaum, *Geschichte der Stadt Landau*, page 230.

(2) Hénault, page 714 du tome III, et Pfeffel, tome II, page 344.

Landau, comme pour le reste de l'Alsace, le commencement d'une ère de prospérité ou du moins une trève bienfaisante, car la nouvelle frontière du Rhin ne devait pas tarder à être de nouveau le théâtre de la guerre entre l'Empire et la France. En attendant, l'Alsace put s'occuper de panser ses blessures ; mais si ce traité favorisait ses intérêts matériels, il froissait vivement ses traditions et son juste orgueil de pays privilégié d'Empire. Les dix villes libres et impériales surtout ne voulaient point devenir françaises ; elles s'indignaient de l'abandon de l'empereur, de l'abandon des Electeurs, de l'abandon de tout le monde ; elles s'agitaient pour garder leur individualité au sein du grand corps germanique ; elles regrettaient cette suprématie autrichienne à laquelle la plupart, surtout les cités protestantes, avaient si souvent essayé de résister ; enfin elles unirent leurs protestations à celles de la ville et de l'évêque de Strasbourg, d'accord pour cette fois, et à celles des princes de Deux-Ponts, de Veldentz, du comte de Montbéliard (à cause de Horbourg et de Reichenweyer), du comte de Hanau, du baron de Fleckenstein, des princes-abbés de Murbach et de Munster au val Saint-Grégoire, de l'évêque de Bâle et de l'abbesse d'Andlau (1).

La ville de Landau avait en outre un motif particulier de réclamer, motif fondé sur le maintien de la garnison française après la signature du traité de paix. La ville prétendait que le roi de France ne pouvait avoir plus de droits sur les villes libres de la Landvogtey d'Alsace que n'en avait eus l'empereur d'Allemagne ; or l'empereur d'Allemagne n'avait pas le droit de mettre garnison permanente en ses murs ; si, pendant les vicissitudes si diverses de la guerre de trente ans, la ville avait été occupée successivement par les divers belligérants, cet état de choses devait cesser, disait-elle, dès que les hostilités cessaient (2).

Elle fit tant de bruit de ses doléances que lors de la ratification de la paix à Nuremberg, le 2 juillet 1650, elle obtint le départ de sa garnison qui évacua ses murs le 7 août suivant (3). Cette faveur fut peut-être autant le résultat de la guerre de la Fronde que de son

---

(1) *Réunion de l'Alsace à la France*, par M. le baron Hallez-Claparède, p. 214.

(2) Archives de Landau.

(3) SCHOEPFLIN, *Als. ill.*, tom. II, *Landau*, et SCHMITT, *Neuere Geschichte der Deutschen*, Buch VI, Cap. 29.

crédit aux conférences de Nuremberg, Mazarin avait besoin des troupes françaises restées fidèles au roi pour les opposer aux Frondeurs. Henri de Lorraine, comte d'Harcourt, nommé par Louis XIV, le 20 avril 1649, gouverneur de l'Alsace avec le titre de grand bailli de Haguenau, avait envoyé des lettres réversales à Landau, où selon l'usage des Landvogts, ses prédécesseurs, il garantissait à la ville toutes ses franchises, possessions, libertés et immédiateté envers l'Empire (1). Ces réversales, dictées selon toute apparence par le désir de se concilier l'Alsace pour s'en faire un point d'appui dans les éventualités de la guerre de la Fronde, ayant ensuite été rapportées, ainsi que celles données par le comte d'Harcourt aux autres villes impériales de la Landvogtey, lors de l'accomodement de ce prince avec le maréchal de La Ferté, Landau n'était nullement garanti par le départ momentané de sa garnison contre les éventualités d'un prochain retour des troupes du roi.

C'était au surplus un singulier imbroglio que cette première cession de l'Alsace à la France par le traité de 1648. Les diplomates français comprenaient par là une cession absolue, une sorte d'incorporation de l'Alsace à la monarchie française ; les diplomates allemands, au contraire, et surtout ceux de la maison d'Autriche, entendaient ou affectaient d'entendre que le roi de France, substitué aux droits de l'empereur d'Allemagne, n'exercerait qu'une sorte de protectorat sur l'Alsace qui n'en resterait pas moins pays d'Empire et, comme tel, soumis aux décisions de la Diète. Si le Sundgau et les autres possessions autrichiennes étaient dévolus au roi à titre de cessionnaire de la maison d'Autriche, pour tout le reste il ne devait, selon eux, être considéré que comme une sorte d'Ober-Landvogt, à peu près comme au temps où la Landvogtey d'Alsace était engagée aux Electeurs palatins. En outre, la ville de Strasbourg devait rester indépendante de la France, et les autres villes jalousaient fort cette prérogative, elles ne cessaient de négocier pour faire plaider leur cause par la chancellerie impériale, par la Diète de l'Empire et pour se faire des protecteurs en Allemagne.

La matricule de Nuremberg avait fixé le subside dit *Rœmermonate* pour chacune des dix villes de la Landvogtey d'Alsace. Ce subside était pour Landau 96 florins, pour Wissembourg 112, pour Hague-

(1) Archives de Landau.

nau 192, pour Rosheim 24, pour Obernai 80, pour Schlestadt 146, pour Kaysersberg 48, pour Turckheim 20, pour Munster 48, pour Colmar 168. Les dix villes auraient voulu continuer à le payer à l'Empire, mais la France s'y opposait. De là nouvelles complications.

En outre, la chambre impériale de Spire prétendait, malgré la cession à la France, continuer à recevoir le subside spécial qui lui était dû par la décapole, conformément aux anciennes constitutions de l'Empire. La ville de Landau n'aurait pas demandé mieux que de refuser sa quote-part, car tout argent versé à Spire lui pesait doublement et réveillait ses vieux ressentiments contre Spire. Ce contingent était toujours de 45 florins, et elle fut la première des villes d'Alsace à le refuser.

Indépendamment de ces subsides fixes ou réguliers, la ville eut, par suite des traités de Munster, d'assez fortes sommes à verser comme charges, non plus de guerre, mais de départ des guerroyants. Ainsi elle eut sa part des *Schwedischen evacuations Gelder*, cette indemnité de 5 millions de Reichsthalers consentie par les Etats de l'Empire à la couronne de Suède, pour rançon des places qui lui restaient dans l'Empire. Elle eut en outre à payer sa quote-part des frais d'évacuation de Franckenthal pour les Espagnols *(Franckenthalischen evacuations Gelder)*, et il est probable qu'elle paya cette dernière quote-part plus volontiers que l'autre, car pendant toute la guerre de trente ans le voisinage des Espagnols de Franckenthal avait été son cauchemar perpétuel.

De l'année 1650 à la coalition de 1672, nous voyons Landau, comme les autres villes de la Landvogtey d'Alsace, guerroyer à coups de protocoles ou plutôt à coups d'épingles, moins contre la suzeraineté de la France que contre les prétentions du grand-bailli français de la préfecture de Haguenau, qui, délégué d'une centralisation plus forte que celle de l'Empire germanique, ne cessait d'avoir des exigences que les anciens Landvogts impériaux se gardaient depuis longtemps de montrer.

On peut appeler cette première époque de la domination française en Alsace l'époque des protestations. L'esprit des parlements de la Fronde inspirait peut-être ces protestations autant que le vieil esprit germanique; et, au fond, la lutte des villes impériales de l'Alsace contre la suprématie du gouvernement français n'était que la continuation de leur vieille lutte contre la suprématie de l'empereur d'Allemagne et du comte palatin du Rhin.

En 1653, lors des réclamations des dix villes à la Diète de Ratisbonne, Landau ne se fit pas représenter par un député pris dans son sein, mais confia sa cause aux délégués de Colmar et de Haguenau, Jean-Balthasar Schneider, Daniel Bürr et Jean-Jacques Barth, se bornant à adhérer purement et simplement à la délibération du 9 novembre 1653. En cela, Landau se montra plus avisé qu'Obernai, qui, obéissant à des susceptibilités municipales fort déplacées plutôt qu'à l'intérêt bien entendu de la cité, voulut faire assez follement bande à part, s'aliéna ainsi l'intérêt des autres villes, et subit, par suite de cette maladresse, des conditions plus humiliantes ou au moins des échecs de vanité, malgré les efforts dévoués de son délégué spécial, François Pistorius.

Ce fut à cette époque, 1653, que nos dix villes durent, bon gré mal gré, prêter serment au roi et au Landvogt royal, le comte d'Harcourt.

En 1654, le marquis de la Suze ayant pris à Belfort le parti des princes contre Mazarin, ce dernier écrivit au magistrat et sénat de la ville de Landau une lettre presqu'obséquieuse pour solliciter le concours des bourgeois aux opérations du maréchal de la Ferté [1], ou au moins leur neutralité pendant les attaques de Belfort et de Thann, ainsi que pendant l'investissement de Brisach où la Ferté força le comte d'Harcourt à se soumettre au cardinal-ministre. Grâce à ces tristes luttes de la Fronde, l'orgueil des bourgeois de Landau, comme celui des autres bourgeois des cités d'Alsace, put encore un instant croire à un simulacre d'indépendance, car nos dix villes se virent tour à tour caressées et sollicitées par le parti des princes et par celui de la cour. Mais c'est là déjà de l'histoire de France.

Nous voyons encore Landau se joindre en 1658 à ses confédérées de l'Alsace, pour protester contre la création du Conseil Souverain d'Ensisheim, appelé à remplacer, avec plus d'attributions administratives et judiciaires, la Cour Royale de Brisach créée en 1651. Puis en 1659 et en 1661 la ville prend part d'abord aux conférences de Strasbourg, puis à celles d'Obernai des 25 juin, 1er et 2 juillet et 20 septembre 1661, à l'effet de s'opposer, autant que les représentations

---

(1) Archives de Landau.

des faibles pouvaient s'opposer, au remplacement, sans réversales satisfaisantes, du comte d'Harcourt par le cardinal de Mazarin comme grand bailli de la préfecture de Haguenau, et à la substitution du duc de Mazarin au cardinal son oncle [1]. Ces conférences n'aboutirent qu'à obliger les villes à prêter, d'assez mauvaise grâce, par leurs députés réunis à Haguenau, serment de fidélité au roi de France.

La Diète et la chambre impériales s'évertuaient cependant à reprendre autant que possible les dix villes à la France. L'assemblée de Ratisbonne imagina à cet effet le prétexte de la guerre des Turcs, cette croisade officielle et toujours populaire dans l'Empire, pour demander aux villes impériales de la Landvogtey d'Alsace de concourir, comme par le passé, à cette guerre, non-seulement par des subsides, mais par un contingent en hommes destinés à être incorporés dans l'armée impériale. Ce contingent fut fixé pour Landau au même taux qu'antérieurement à la soumission à la France, c'est-à-dire à quatre cavaliers montés et équipés et à trente-six fantassins. Colmar et Schlestadt durent fournir aussi, chacune des deux villes, huit cavaliers, et Obernai quatre cavaliers et un même nombre de fantassins que Landau. Pour mieux prouver à nos villes d'Alsace qu'elles étaient toujours considérées comme partie intégrante du saint Empire germanique, on avait décidé que ces contingents seraient réunis aux contingents de Spire, de Worms, de Strasbourg, et d'autres villes non encore soumises à la France, pour former un même escadron de cavalerie et un même demi-bataillon d'infanterie. Le drapeau devait être le même que l'ancien drapeau du cercle du Haut-Rhin, mais avec les écussons de Strasbourg, de Landau, de Colmar, d'Obernai, de Schlestadt, de Rosheim, unis à ceux de Spire et de Worms. Le rendez-vous fut à Strasbourg pour la cavalerie et à Francfort pour l'infanterie.

Dès que les officiers de la préfecture de Haguenau eurent avis de ces levées, ils s'y opposèrent vivement, mais tel était encore le prestige de la Diète en nos villes d'Alsace et telle encore la confraternité germanique inspirée par la vieille crainte des Turcs que, partout où il n'y eut pas de troupes françaises pour s'opposer au départ des contingents, ces derniers se mirent en marche au milieu des acclamations et des hommages de la foule. Le gouvernement français ne jugea pas

---

[1] Archives de Landau.

à propos de sévir contre ce retour déguisé à la suprématie impériale ou aux intérêts allemands, car, cédant à son tour à l'opinion européenne qui poussait alors à s'opposer aux invasions des Turcs en Hongrie et en Bohême, il ne tarda pas à joindre à l'armée impériale et rhénane, commandée par Montecuculli, le margrave de Bade, et le comte de Hohenlohe, une forte division française sous les ordres du comte de Coligni et du marquis de la Feuillade. Ce fut, comme l'on sait, à ce corps auxiliaire français que l'armée allemande dut son salut à la bataille de Saint-Godard, le 2 août 1664 (1), et le petit contingent alsacien, qui comptait aussi cinquante cavaliers strasbourgeois, y fit vaillamment son devoir à côté des soldats de la vieille France.

Malgré cette confraternité d'armes et de gloire, nos dix villes avaient toujours beaucoup de peine à se soumettre au gouvernement français. Dans toutes les occasions, elles essayaient de défendre leur indépendance par des protestations, ou tout au moins d'humbles doléances.

En 1664, le duc de Mazarin, grand-bailli de Haguenau, avait produit un édit royal, connu sous le nom des *Quatre articles*, qui souleva au plus haut degré l'opposition de la décapole.

Le premier de ces articles assujétissait les dix villes à la juridiction des tribunaux du roi comme précédemment elles l'avaient été pour certains cas à la juridiction des tribunaux de l'Empire.

Le second établissait le droit du roi de mettre garnison dans les villes et de disposer de leurs fortifications ainsi que de leurs armes et munitions de guerre.

Le troisième mettait la nomination du magistrat à la disposition du grand-bailli de Haguenau.

Le dernier article enfin attribuait au roi la haute surveillance et direction des affaires ecclésiastiques dans les dix villes.

Ce dernier article avait trait surtout aux villes protestantes dont il semblait menacer la liberté de conscience, du moins telle qu'on la comprenait en ces cités, et telle qu'on s'y était habitué depuis la transaction de Passau.

Les quatre villes protestantes de la Landvogtey, Colmar, Landau, Wissembourg et Munster, se montrèrent donc les plus ardentes à

---

(1) PFEFFEL, tome II, page 390, et HENAULT, tome III, page 778.

réclamer contre ce 4e article, en même temps que pour les trois autres, elles joignaient leurs protestations à celles des six villes catholiques, ou plutôt des cinq villes, car Haguenau s'abstint ou du moins n'appuya que faiblement ses confédérées, ce qui s'explique par la présence d'une garnison française et du duc de Mazarin en ses murs.

Ce dernier ayant fait sonner la grosse cloche des menaces et ordonné quelques mouvements de troupes contre les villes récalcitrantes, il avait bien fallu, sinon se soumettre, au moins accepter sous conditions les quatre malheureux articles. Landau et Wissembourg émirent l'avis, en désespoir de cause, d'en référer à la Diète de Ratisbonne, Obernai, Schlestadt, Colmar, Munster, Rosheim, Kaysersberg et Turckheim se rallièrent successivement à cet avis, et l'on vit, chose assez étrange, l'appel d'un édit du roi de France soumis aux délibérations de la Diète de l'Empire d'Allemagne par des villes que le traité de Munster avait soumises au roi de France.

Ce qu'il y a de plus curieux et ce qui prouve combien peu encore le gouvernement français se rendait compte de ses droits sur l'Alsace, c'est que Louis XIV, oui, Louis XIV, finit par tolérer cet appel à la Diète de Ratisbonne, et consentit, en 1665, à ce que l'affaire fut remise à des arbitres. Ces arbitres, qui n'entrèrent en fonctions qu'en 1667, furent, pour la France, les électeurs de Mayence et de Cologne, le roi de Suède et le Landgrave de Hesse ; pour l'empereur ou pour les dix villes, l'électeur de Saxe, les évêques d'Eichstett et de Constance, et le magistrat de la ville de Ratisbonne, siége de la Diète. Leur décision ne fut rendue qu'en 1672, et comme on pouvait s'y attendre, elle ne satisfit personne. La guerre rallumée entre la France et l'Empire se chargea bientôt de l'annuler complétement et d'ôter aux dix villes toute velléité d'opposition ultérieure.

Pendant ces complications, Landau dut à son voisinage du Palatinat d'avoir sa part des troubles occasionnés par la revendication de l'électeur palatin, concernant ses anciens droits de *Wildfangiat*, de *péage* et de *conduite*. En vertu du premier de ces droits, les électeurs palatins se croyaient fondés à réduire en une sorte de servitude et à imposer à une capitation tous les étrangers rencontrés sur leurs terres qui, ne pouvant justifier de leur qualité ou de leur nationalité, étaient réputés bâtards et vagabonds, et comme tels assujettis au *Wildfangiat*. L'exercice de ce droit, négligé pendant la guerre de trente ans, avait d'autant plus révolté les populations des campagnes dans le Palatinat, que par suite des malheurs de cette longue guerre beaucoup de familles étrangères étaient venues s'établir sur les terrains vagues ou restés en friche. Or, depuis 1491 jusqu'à l'émancipation complète de Landau par Maximilien Ier, plusieurs actes de l'évêque de Spire, engagiste impérial de la ville, avaient conféré les mêmes droits de *Wildfangiat* à l'électeur palatin sur le territoire même de la ville (1). Ce dernier voulut assez intempestivement les réclamer, et se fondant sur un article de la paix publique de 1331, qui soumettait à des droits différents de *haut-conduit* les vins d'Alsace et les vins du Spiregau (2), il voulut aussi faire peser sur les provenances des vignobles de Landau des taxes insolites. On l'accusa même d'avoir fait enlever, sous prétexte qu'ils étaient bâtards ou vagabonds, et par conséquent ses sujets nés, des vassaux de la ville afin de les établir sur les nombreuses landes incultes du Palatinat. Le sénat de Landau porta d'abord ses plaintes à la Diète de Ratisbonne, mais cette dernière n'ayant point paru empressée d'y faire droit, il fallut bien un peu à contre-cœur recourir au nouveau maître, le roi de France. Enfin, après des conférences fort vives à Spire et à Oppenheim, l'électeur palatin consentit à s'en rapporter à l'arbitrage des rois de France et de Suède (3), et grâce surtout au premier, l'affaire fut décidée en 1667 dans le sens des intérêts de Landau et des seigneuries alsaciennes, voisines du Palatinat.

Dans le même temps, il surgit des difficultés au sujet des droits de Geraydies *(Gedeyen, Gerayde)*. Nous avons vu que Landau était dans la troisième *zent* de la septième Geraydie qui portait le nom de *Godramstein* (4) et qui comprenait des forêts tant en deçà qu'audelà de la *Queich*. L'électeur palatin prétendait refuser ou du moins chicanait à Landau ses droits dans celles de ces forêts qui étaient situées sur le territoire palatin. Dans cette occasion encore la France intervint, et les bourgeois de Landau purent reconnaître que s'ils avaient

---

(1) *Considérations sur les rapports des possessions palatines sous la souveraineté de la France*. Paris, imprimerie Didot, année 1792, page 41.

(2) Ibidem, page. 210.

(3) Pfeffel, *Histoire du droit public de l'Allemagne*, tome II, page 394, et archives de Landau.

(4) Schœpflin, *Als. ill.*, tom. II, Landgraviat inférieur, Geraydies.

perdu leur indépendance, ils avaient en revanche trouvé un protecteur puissant.

### ÉPOQUE FRANÇAISE.

La paix de Munster avait fait trop de jaloux à la France pour qu'elle pût durer bien longtemps. L'ambition de Louis XIV aiguillonnait d'ailleurs sans cesse cette jalousie. Dès 1667, la guerre avait recommencé entre la France et l'Espagne, et les succès des armes françaises en Flandre et en Franche-Comté achevaient d'irriter et d'inquiéter non-seulement la maison d'Autriche, mais l'Empire et même les anciens alliés allemands de la France pendant la guerre de trente ans. L'invasion de la Lorraine, en 1670, et celle de la Hollande, en 1672, firent enfin éclater l'orage, et pour cette fois les princes protestants formèrent alliance avec la maison d'Autriche contre la France.

L'électeur de Brandebourg, l'électeur de Saxe, le duc de Lorraine réunirent leurs troupes à l'armée impériale que commandait Montecuculli; le plan des alliés était de pénétrer par le Palatinat en Alsace et de reconquérir cette province ainsi que la Franche-Comté. Ils espéraient que les dix villes n'ayant plus de garnison française deviendraient pour eux autant de places de sûreté ou de lignes d'opération; mais cette partie du plan fut déjouée, car dès le commencement de la guerre, Louis XIV ordonna au duc de La Feuillade de se remettre de gré ou de force en possession des dix villes, et il mit à cet effet à ses ordres un corps de 10,000 hommes. Tandis que La Feuillade exécutait ses instructions, démolissait les fortifications de Schlestadt et de Colmar, désarmait Obernai, Rosheim, Kaysersberg, Turckheim, et occupait Haguenau, Wissembourg et Landau, le maréchal de Turenne passait le Rhin, allait chercher Montecuculli sur le Mein, et après avoir repoussé les ennemis au pont d'Andernach, les poursuivait en Westphalie, les refoulait au-delà du Weser et forçait en deux campagnes brillantes l'électeur de Brandebourg, dont tous les Etats étaient envahis, à signer pour son compte, le 10 avril 1673, la paix ou plutôt la capitulation de Saint-Germain ratifiée au camp de Wossem, près Louvain, le 6 juin suivant.

Louis XIV s'était porté de sa personne en Alsace pendant cette campagne de 1673, pour de là reconquérir la Franche-Comté et assiéger Besançon. Les villes impériales envoyèrent des députés au-devant du roi jusqu'à Nancy, pour lui présenter non-seulement leurs hommages, mais surtout leurs doléances au sujet de la mesure qui prescrivait leur désarmement et la démolition de leurs fortifications au moyen de brèches que le marquis de Vauban avait ordre d'ouvrir à coups de canon, si les bourgeois ne se prêtaient pas à les ouvrir et à les déblayer eux-mêmes. Ces députés, Antoine Hitschler de Landau, Streit d'Immendingen de Haguenau, Jean-Georges Schöpff de Schlestadt et Henri Klein de Colmar, furent fort mal reçus par Louvois qui conseilla au roi de ne pas leur accorder audience. Louvois leur reprochait d'avoir, par leurs continuelles réclamations depuis le traité de Munster et par leurs appels à la diète, contribué à encourager la nouvelle coalition. Les ordres de désarmement furent donc maintenus pour toutes celles des dix villes qui ne seraient pas jugées susceptibles de recevoir garnison.

La trahison du prince-évêque de Wurtzbourg ayant sur ces entrefaites forcé Turenne à se replier sur le Rhin, la coalition un moment ébranlée par les premières victoires du maréchal, s'était reformée plus ardente que jamais, et l'électeur de Brandebourg lui-même, violant la foi jurée quelques mois auparavant, s'y était rallié. Mais Turenne a bientôt repris l'offensive, il laisse un détachement à Landau et se hâte de repasser le Rhin à Philippsbourg avec 9,000 hommes, en majeure partie cavalerie. C'est avec cette faible armée qu'il livre à Sentzheim, entre Philippsbourg et Heilbronn, une bataille où l'armée impériale, commandée par le vieux duc de Lorraine et par Caprara, est délogée de toutes ses positions, et forcée de battre en retraite sur l'armée des cercles d'Allemagne qui accourt à son secours sous la conduite du margrave de Bade-Durlach et du duc de Brunswick-Lunebourg. L'extrême supériorité numérique de ces deux armées réunies force toutefois les 9,000 hommes de Turenne à se retirer et à repasser le Rhin pour défendre l'Alsace, car la ville de Strasbourg a livré son pont de Kehl aux alliés. Turenne se retranche d'abord entre la Queich et la Lauter, puis il établit son camp à la Wantzenau et, tandis que les Lorrains et les Impériaux aux ordres du duc de Bournonville et du général Caprara débouchent de Strasbourg par Illkirch et Grafenstaden, il marche à eux et les défait à Entzheim. Puis, trop faible en nombre pour les déloger immédiatement de leur camp retranché sur la colline du Glöckelsberg et derrière la ligne de l'Ergers, il se porte d'abord sur Marlenheim, repasse les Vosges par une manœuvre habile, et comme les Impériaux, qui ne voyent plus d'ennemis devant eux, se répandent dans la Haute-Alsace, il les bat coup sur coup, le 8 et le 9 janvier, en débouchant à l'improviste des montagnes de Bussang, à Mulhouse, à Ensisheim, à Turckheim, les forçant à évacuer en désordre l'Alsace par ce même pont de Kehl qui leur en avait ouvert l'entrée.

Cette campagne, que les écrivains compétents s'accordent à reconnaître comme une des plus belles de Turenne, fut en quelque sorte la confirmation des conquêtes assurées vingt-cinq années auparavant par le traité de Munster et l'un des plus beaux titres militaires de la France à la possession définitive de l'Alsace.

Cependant Montecuculli fit passer le Rhin à une division de l'armée impériale et la porta sur Landau, espérant y attirer le maréchal français et passer ensuite impunément le Rhin avec le gros de son armée par le pont de Kehl ; mais Turenne le prévint, passa lui-même sur l'autre rive du Rhin, et sut y reporter le théâtre de la guerre : le boulet de canon, qui l'enleva peu après à l'armée et à la France, amena seul le retour des hostilités en Alsace, et ramena aussi les mauvais jours pour Landau. La petite garnison que Turenne y avait placée paraît avoir évacué cette ville lorsque Montecuculli, passant le Rhin à Kehl, vint assiéger Haguenau. Les marches et contremarches des campagnes qui suivirent, campagnes où les généraux français, appelés à suppléer à Turenne, disputèrent si souvent et pied à pied l'Alsace aux armées impériales et des cercles d'Allemagne, eurent pour Landau les mêmes vicissitudes que précédemment pendant la guerre de trente ans.

Le grand Condé, envoyé vers la fin de 1675 pour prêter le prestige de son nom à l'armée veuve de Turenne, avait réussi par ses manœuvres à faire successivement évacuer à Montecuculli le camp devant Haguenau, la position d'Obernai et le camp devant Saverne, pour bientôt abandonner toute l'Alsace. Mais la campagne de 1676, où le maréchal de Luxembourg remplaça Condé en Alsace et où Montecuculli fut remplacé par le jeune duc Charles V de Lorraine, beau-frère de l'empereur Léopold, fut plus fâcheuse pour nos armes. Le duc de Lorraine ayant pris Philippsbourg, la ville de Landau fut menacée alors par l'armée impériale. Elle lui échappa toutefois pour le moment grâce aux brillantes manœuvres du maréchal de Créqui chargé en 1677 de remplacer le maréchal de Luxembourg, et surtout grâce au combat du Kochersberg, le 7 octobre 1677, où le général impérial Schultz fut défait.

Mais en 1678 le duc de Lorraine à la tête de l'armée impériale, voulant dégager Strasbourg dont le maréchal de Créqui menaçait de faire le siége et dont le fort de Kehl venait déjà d'être occupé par le régiment de Champagne aux ordres de M. de Bois-David (1), passa le Rhin et investit Landau. Cette ville ne pouvait encore qu'être compromise par les garnisons qu'on lui imposait. Elle fut prise d'assaut (2) malgré les efforts du brave détachement qu'on y avait laissé, et l'armée allemande la traîta comme on traite et comme on traitait surtout dans ce siècle les villes prises d'assaut. Le pillage durait encore lorsque la défaite du général autrichien Mercy, à Hochfelden, par les troupes françaises du comte de Langalerie, et la marche du maréchal de Créqui sur la Lauter décidèrent les Impériaux à évacuer leur conquête et à repasser le Rhin.

La paix de Nimègue ayant enfin en 1679 permis aux malheureux bourgeois de Landau de réparer leurs brèches et de rebâtir leurs maisons, Louis XIV, qui ne voulait plus de villes immédiates d'Empire dans son royaume, compléta par les voies juridiques la soumission de la décapole conquise par les armes à la France. En 1680, le conseil souverain d'Alsace, érigé en chambre de réunion, déclara qu'en vertu des traités de Munster et de Nimègue, ces dix villes avaient cessé de relever de l'Empire, ne pouvaient plus, sous peine de rébellion, faire appel à la diète d'Allemagne, et devaient échanger sans délai les sceaux et armoiries de l'Empire contre les Fleurs de Lys de France. Pour les consoler un peu de cet arrêt de déchéance, le roi daigna autoriser les dix villes à se faire appeler *royales* au lieu d'*impériales;* mais ce n'était là qu'une distinction honorifique ou plutôt dérisoire, le mot de ville royale ne pouvant avoir en France l'acception qu'avait en Allemagne le titre de ville libre et impériale.

Cependant Landau, quoiqu'à l'extrême frontière de France, du côté du Palatinat, offrait d'assez pauvres fortifications, si pauvres ou si faibles que depuis Mansfeld elles ne lui avaient guère servi qu'à être prise et reprise par tous les belligérants.

---

(1) M. DE KENTZINGER, *Documents des archives de Strasbourg*, tom. II, p. 235.
(2) SCHŒPFLIN, *Als. ill.*, tome II, *Landau.*

Ce n'était encore en effet que le revêtement hérissé de nombreuses tours et couvert par un assez large fossé que Merian nous a conservé dans la *Topographia Alsatiæ*, éditée en 1663 (1). Ces tours et ces courtines avaient reçu mainte brèche pendant la guerre de trente ans et pendant la dernière guerre. Comme de vieux soldats couverts de blessures, elles avaient peine à se tenir debout. Par-ci par-là un bastion en terre ou redan modernes masquaient les brèches les plus béantes, mais l'enceinte n'était plus continue, et un ennemi un peu entreprenant fût bien vite entré dans la ville. Cette dernière, depuis que l'art de la guerre avait pris des dimensions plus colossales et surtout plus coûteuses, n'était plus en état de réparer les avaries faites à son enceinte. Louis XIV, désireux de couvrir par une bonne place forte la frontière de France du côté du Palatinat, ordonna donc en 1686 au célèbre ingénieur Vauban de dresser le plan des fortifications nouvelles de Landau : Vauban se mit à l'œuvre, mais, malgré tout son zèle, ses plans de fortifications n'avaient encore reçu qu'un commencement d'exécution lorsque la guerre de la succession palatine vint à éclater.

La campagne de 1688 se passa presqu'aux portes de Landau ; le dauphin de France, ayant pour lieutenants MM. d'Huxelles, de Boufflers et de Montclar, s'empara successivement de Neustadt, de Kayserslautern, de Spire, d'Openheim, de Mayence et reprit Philippsbourg, cette tête de pont si chère à la France pendant ses premières luttes pour la suprématie rhénane. Il passa ensuite le Rhin et occupa Mannheim et Heidelberg.

Dans la seconde année de cette guerre, en 1689, le Palatinat des deux rives du Rhin, déjà dévasté en 1674 par les ordres de Louvois et malgré Turenne, dont le cœur saignait à ces ordres de dévastation impitoyable, fut livré entièrement par les ordres du même ministre à une dévastation bien plus terrible encore. Louvois croyait de bonne politique de faire sentir fortement aux Etats voisins de la France la puissance française. Ce fut à cette époque, 1689, et non pas en 1674, que les villes de Spire et de Heidelberg eurent à regretter la mutilation de trop de monuments. On a donc imputé à tort à Turenne cette cruelle exécution militaire, et le héros, frappé si glorieusement à Saspach le 27 juillet 1675, était inhumé depuis

(1) Mérian, page 28 et planche 7.

quatorze ans sous les voûtes de l'abbaye royale de Saint-Denis, lorsque le Palatinat reçut ces douloureuses blessures, presqu'encore saignantes aujourd'hui au point de vue de l'art.

La démolition des remparts de Spire par ordre de Louvois, en 1689, coïncide avec le commencement des premiers travaux de fortification de Landau d'après les plans de Vauban. Le canal dit *de Landau* fut alors créé pour servir non-seulement au transport des matériaux, mais à l'entretien des eaux dans les fossés de la place et, au besoin, aux transactions du commerce. Ce canal fut un des premiers bienfaits de la France pour Landau. Il a un peu plus de deux lieues de long et part d'Alberswiller. En outre, la Queich fut rendue navigable ou plus navigable jusqu'à son arrivée au Rhin. La tradition rapporte ou prétend que beaucoup de pierres provenant de la démolition des murs de Spire furent employées aux travaux de revêtement des fronts nouveaux de la place et aux travaux du canal. Des bateliers partis de Spire les auraient conduits par le Rhin et en remontant la Queich. Etrange revanche, si le fait est vrai, de la démolition des premiers murs de Landau sur la demande de la ville de Spire à l'époque de Louis de Bavière ! Il est vrai que 126 ans plus tard, grâce à nos désastres de 1814 et de 1815, Spire a pu aussi avoir une revanche, en voyant son ancienne ennemie ou vassale émancipée, la ville de Landau, soumise de nouveau à une régence établie à Spire.

Les campagnes de 1690, 1691 et suivantes jusqu'à la paix de Ryswick en 1697, laissèrent toujours Landau aux avant-postes ou sur la ligne stratégique des opérations militaires. Ses fortifications étaient encore loin d'être achevées, et elles furent interrompues par suite de la guerre, qui ne permettait plus de réunir sur ce point des travailleurs et surtout d'imputer des fonds à ces travaux. La ville perdit beaucoup à ce retard, néanmoins elle fut déjà plus difficilement occupée que dans les guerres précédentes par les belligérants. Son territoire souffrit davantage, il était presque toujours, sinon un champ de bataille, au moins un champ de bivouac, mais pour peu qu'une trève se fit entre ces marches et contremarches dans les environs de Landau, telle était l'activité des bourgeois et telle la fertilité du sol que fort vite la cité et les habitants savaient retrouver de l'aisance.

Un événement malheureux marqua cette époque des luttes des Français et des Impériaux devant Landau, luttes moins vives et moins importantes que dans la guerre précédente, parce que les grands coups se portaient surtout en Flandre. Un corps autrichien s'étant approché de Landau, tout-à-coup l'explosion d'un magasin à poudre eut lieu, sans que l'on sache encore bien si cette explosion fut déterminée par une bombe de l'ennemi ou par quelque circonstance fortuite. Quoiqu'il en soit, les dégats furent très-grands et coûtèrent à la ville des réparations qui la rendirent plus régulière.

Ce sinistre fut le plus grand sinon le seul grand malheur éprouvé par Landau pendant la guerre de la succession d'Orléans; il endommagea la plupart des monuments de la ville ainsi qu'un grand nombre de maisons particulières, et força de recommencer, sur nouveaux frais, une partie des travaux de fortification.

Ces dernières n'étaient pas encore achevées, lorsqu'en 1702, la seconde année de cette terrible guerre de la succession d'Espagne, qui allait mettre la France si près de sa ruine, l'armée des alliés, aux ordres du prince Louis de Bade, envahit la Basse-Alsace et mit le siége devant Landau. Cette place, qui jusqu'alors avait presque toujours été prise aussitôt qu'attaquée, protégée cette fois par les travaux de Vauban, quoique ces travaux ne fussent encore qu'à demi-exécutés, résista pendant quatre mois à tous les efforts de l'ennemi. Il fallut quatre-vingt-neuf jours de tranchée ouverte, il fallut la disette, les épidémies, le manque de munitions et de bras pour réduire à capituler sa brave garnison que commandait le chevalier de Mélac. Enfin, le 11 novembre, l'archiduc Joseph, que son père l'empereur Léopold avait fait proclamer roi des Romains, obtint l'entrée de Landau au milieu des boulets et des brèches, qui attestaient la magnifique défense de la ville et qui semblaient glorifier le génie militaire de la France sur les décombres de cette citadelle à peine créée.

La garnison française sortit de Landau avec les honneurs de la guerre, emmenant son artillerie, ses bagages et conservant ses armes pour aller rejoindre l'armée du maréchal de Catinat. Quant à l'armée allemande, elle perdit au siége de Landau un grand nombre de ses chefs les plus distingués, entr'autres le prince de Bade-

---

(1) Birnbaum, page 286.

Durlach, le comte de Soissons, frère du prince Eugène de Savoie, et le comte de Kœnigseck.

C'est à ce siége de 1702 que se passa un de ces traits militaires dans le goût du fameux *tirez les premiers* de Fontenoy. M. de Mélac, averti de l'arrivée du roi Joseph devant Landau, le fait prier de lui indiquer son quartier-général afin d'éviter de faire tirer dessus. Le prince autrichien lui répond que son quartier-général est partout dans le camp des assiégeants, puis pour reconnaître la prévenance du commandant français, il lui envoie, sachant que la disette est grande dans la ville, quelques bourriches de venaison que Mélac s'empresse de partager avec ses soldats affamés comme lui.

C'est aussi à son héroïque défense de 1702 et à son brave commandant français que Landau doit l'honneur d'avoir imprimé pour la première fois son nom sur des pièces de monnaie. Il ne paraît pas, en effet, ainsi que nous l'avons déjà fait observer et quoiqu'il existe à Landau une vieille construction appelée encore *die Münze* (la Monnaie), que Landau ait battu monnaie à son coin pendant l'ère de son indépendance; Mélac y fit frapper des monnaies obsidionales, tant d'or et d'argent que de cuivre, aux fleurs de lys au-dessus du Lion et de la porte à la tour qui formaient l'écusson de Landau à cette époque.

Cette place avait pris dans la guerre du commencement du 18e siècle l'importance de Philippsbourg dans les deux guerres précédentes. Elle était devenue pour sa gloire, mais aussi pour son malheur, le but des opérations stratégiques sur le Rhin et l'ambition des chefs jaloux de la renommée que l'opinion du temps mettait au-dessus de toutes les autres renommées militaires, celle de conquérant de places fortes. Aussi dès l'année suivante, 1703, les maréchaux de Tallard et de Vauban, après avoir repris Brisach, vinrent-ils mettre le siége devant Landau. Il était piquant de voir le célèbre ingénieur, dont les plans, en partie seulement exécutés, avaient valu à Landau une si belle défense l'année précédente, conduire les opérations d'attaque contre une place qu'il avait lui-même fortifiée ou appris à fortifier. Les alliés, pour faire lever ce siége, marchent en force, Anglais, Hollandais et Allemands, sous les ordres du comte de Nassau et du prince de Hesse-Cassel, depuis roi de Suède sous le nom de Frédéric Ier. Le maréchal de Tallard court alors à la rencontre de cette armée et la défait, à Speirbach, près de Spire, le 15 novembre

1703, après avoir laissé Vauban et M. de Laubanie continuer le siége de Landau. Cette ville, que commandait pour les alliés le comte de Fries, capitula le 23 novembre suivant [1] après un investissement d'un mois et après avoir eu le spectacle de la reprise de ses principaux ouvrages par celui-même qui les avait conçus.

Cependant, l'année suivante, elle échappa encore aux mains de la France, mais encore après un glorieux siége. La désastreuse bataille de Hochstett, gagnée par Marlborough et le prince Eugène sur l'électeur de Bavière et le maréchal de Tallard qui y fut blessé et fait prisonnier après avoir vu tuer son fils, avait rouvert nos frontières aux armées de la coalition, et la pauvre ville de Landau, toute couverte des blessures mal cicatrisées des siéges des deux années précédentes, avait à peine eu le temps de s'entourer à la hâte de retranchements de campagne pour couvrir les brèches faites aux revêtements de ses remparts, lorsque le roi Joseph et le prince de Bade l'investirent, pendant que Marlborough se rendait maître de Trèves. Ce nouveau siége dura deux mois et demi, défense aussi admirable que celle de 1702 par la valeur de la garnison. Mélac avait été dignement remplacé par M. de Laubanie, qui derrière des remparts brisés repoussa à plusieurs reprises les assauts de l'ennemi; ayant perdu la vue par suite de l'explosion d'une bombe, il s'était fait porter sur la brèche, semblable à ce soldat de l'antiquité qui, ayant eu les deux bras coupés, combattait encore en essayant de mordre!

Cette reprise de Landau par les coalisés eut lieu juste un an, jour pour jour, après la capitulation de l'année précédente, qui, le 23 novembre, avait remis la place aux Français; elle fut précédée par la capitulation conclue le 17 novembre au quartier-général de Joseph, à Ilbersheim, devant Landau, par l'électrice de Bavière, fille du roi Sobieski, laquelle, pour sauver au moins une partie de ses Etats, déclara les céder tous, à l'exception de la ville et du cercle de Munich [2].

Ce fut peut-être pour donner à Landau, devenu deux fois sa conquête, un témoignage éclatant d'admiration pour ses deux belles défenses que Joseph, aussitôt après son élection à l'empire en 1705, lui rendit le titre de ville libre et immédiate d'Empire [3]; ou plutôt, il voulut par là réparer le mal fait par ses canons.

---

(1) Hénault, tom. III, p. 895, et Pfeffel, tom. II, p. 471, et Birnbaum, p. 295.

(2) Pfeffel, tome II, page 477.

(3) Ibidem, page 488.

De 1705 à 1713, Landau reparaît donc comme ville d'Empire, mais un titre non moins glorieux était acquis à Landau devenu ville française par tant de faits d'armes des 17e et 18e siècles. En vain l'Allemagne veut conserver cette conquête payée si cher; en vain elle s'y barricade à son tour, et, après la victoire de Denain, qui rend aux armes françaises tout leur prestige, en vain elle s'efforce de retenir Landau en y mettant pour garnison toute une armée aux ordres du prince Alexandre de Wurtemberg.

Déjà les opérations du comte du Bourg et le combat de Rumersheim avaient, en 1709, mis l'Alsace à l'abri de nouvelles attaques des alliés. Il ne restait plus que Landau à rendre à la France : le maréchal de Villars se porte devant cette ville et l'investit le 9 juin 1713. Mais instruit que le prince Eugène, avec une nouvelle armée ennemie, veut dégager la place, il marche à sa rencontre, s'empare, en passant, de Spire, de Worms et de Kayserslautern, passe le Rhin et va défaire le général impérial Vaubonne dans ses retranchements de Fribourg. Pendant cette brillante offensive de Villars, le maréchal de Bezons ouvre, le 21 juin, la tranchée devant Landau dont depuis près de huit ans les troupes impériales et palatines ont relevé les fortifications. De vifs combats, presque des batailles, ont lieu en avant de cette ville, car le prince de Wurtemberg fait de fréquentes sorties, et dans une de ces sorties non moins vigoureusement repoussées que vigoureusement conduites, le maréchal de Bezons a eu le bras emporté. Il continue néanmoins à diriger le siége, et enfin, le 20 août, il plante du bras qui lui reste le drapeau de la France sur Landau reconquis [1].

Le traité d'Utrecht, en 1713, et ceux de Rastadt et de Baden-Argau, en 1714, confirmèrent à la France la possession de Landau que lui avaient déjà reconnue, dans le siècle précédent, les traités de Munster, de Nimègue et de Ryswick.

Ce dernier siège de 1713, et ce fut, en effet, pour Landau, le dernier siège jusqu'à la guerre de 1793, fut marqué comme celui de 1702 par des monnaies commémoratives. Tandis que celles de Melac ont les fleurs de lys, celles du prince de Wurtemberg portent l'écusson de sa maison, avec les mots *Pro Cœs* : Imp. — Landav.

Indépendamment de ces monnaies obsidionales il y a plusieurs

---

(1) Birnbaum, page 307.

médailles commémoratives de l'importance du rôle militaire de Landau pendant la guerre dite de la succession d'Espagne. Les unes furent frappées à Paris, les autres à Vienne, en l'honneur des généraux et des armées qui, de 1702 à 1713, surent si vaillamment se disputer la possession de cette place de guerre. La dernière, de 1713, frappée à Paris, porte à l'avers la tête de Louis XIV et en légende *Ludovicus Magnus rex christianissimus.* Au revers l'inscription ***MARS DEBELLATOR*** et la figure du dieu Mars foulant aux pieds des boucliers. En légende on lit : *Landavia et Friburgo expugnatis,* MVCCXIII.

Lorsqu'il voit ces médailles de victoire et ces monnaies obsidionales, lorsqu'il lit le récit de ces grandes guerres dont Landau était, en quelque sorte l'enjeu, enjeu gagné au prix de tant de sang, quel Français ne sent au fond du cœur un généreux regret en pensant qu'aujourd'hui Landau n'est plus à la France !

Pendant la guerre de 1733 pour la réintégration du roi de Pologne Stanislas, qui, après sa première expulsion de Pologne, avait été reçu à Landau, cette ville ne fut pas menacée ; mais cet avant-poste de l'Alsace eut bientôt à faire preuve d'un courageux dévouement.

Ce fut lors de cette campagne de 1744 où le duc Charles de Lorraine, après avoir fait passer le Rhin à son armée et forcé la ligne de la Queich, malgré le corps allié aux ordres du comte de Seckendorf, envahit l'Alsace à la tête de ces 60,000 Hongrois et Croates dont les pillages et les dévastations ont fait appeler cette guerre *la guerre des pandours.* Grâce aux remparts créés par Vauban et au peu de solidité des pandours devant des batteries de canon, la place fut seulement, à cette époque, exposée à un blocus. Ce blocus ne fut même pas très-long, car le maréchal de Coigny, imitant les manœuvres du comte du Bourg pendant la campagne de 1709, ne tarda pas à rejeter les Autrichiens et les Croates du prince Charles au-delà du Rhin. Mais de ce blocus date, en quelque sorte, le patriotisme français des habitants de Landau. Jusqu'alors ils étaient restés plus ou moins neutres entre les belligérants, et le regret de leur ancienne indépendance locale les avait laissés presqu'indifférents entre les prétentions opposées des Autrichiens et des Français, prétentions également hostiles à cette indépendance. Pour cette fois ils n'hésitèrent plus, ils coururent en aide à la garnison française, se formèrent en corps de milice et contribuèrent à maintenir sur leurs remparts le drapeau de la France. La défense de cette ville fut puissamment aidée par les écluses et bâtardeaux établis en 1745 par ordre du maréchal de Saxe et qui permirent d'inonder les approches.

Pendant cette période la ville reçut l'organisation politique des autres cités de la décapole. Le roi lui laissa comme à ses neuf sœurs un simulacre d'indépendance. Les bourguemestres et le sénat continuèrent à être élus par les tribus et par les délégués des tribus. Ils purent encore administrer ou paraître administrer la fortune municipale, mais tout pouvoir politique leur fut enlevé et ils furent mis en tutèle sous un délégué du pouvoir royal revêtu ou affublé du titre romain et trop pompeux de préteur.

Grâce à cette ère de paix et de prospérité, Landau put à loisir se consoler d'avoir perdu son autonomie en prenant sa part des derniers éléments de vie facile et commode qu'offrait encore la monarchie. Son commerce se développa aisément, grâce au voisinage de la frontière et à la protection du roi de France. Les charges de la ville étaient peu nombreuses, car c'était toujours à peu près l'organisation financière d'avant la réunion, seulement l'impôt se payait aux officiers du fisc français. Ces contributions étaient la *capitation*, le *vingtième*, et le droit d'*industrie;* la caisse municipale faisait l'avance des fonds sauf à se récupérer sur les habitants par l'entremise de son receveur des rentes. Ce mode avait l'avantage de ne point faire peser sur les contribuables l'action du fisc central, et le receveur de la ville, n'étant pas soumis à la pression des fermiers généraux, pouvait de concert avec le magistrat laisser une assez grande latitude pour les payements. On ne saurait douter que cette apparente mansuétude du fisc royal contribua beaucoup à populariser dans les anciennes villes impériales d'Alsace la vieille monarchie française. Aussi, lorsque les mauvais jours vinrent pour cette monarchie, les anciennes villes impériales devenues royales lui fournirent-elles un assez grand nombre d'amis plus dévoués et plus courageux que puissants, il est vrai, mais qui auraient pu lui venir en aide plus utilement si à cette époque l'ancien régime ne se fût pour ainsi dire abandonné lui-même.

Ce fut aussi pendant cette période que la religion catholique reprit, non la suprématie à Landau, mais une position d'égalité avec le culte protestant. La garnison française et les divers emplois à la nomination royale ou ministérielle n'avaient pas tardé à ramener dans la ville un grand nombre de catholiques. Plusieurs s'y fixèrent et augmentèrent l'élément catholique au sein de la population qui compta bientôt aussi un grand nombre d'artisans catholiques. Il fallut donc songer à donner plus d'extension à l'exercice du culte catholique à Landau, et les capucins furent autorisés à y établir un couvent en 1740 (1).

Dès le quatorzième siècle la ville avait eu des béguines et en 1508 le magistrat les avait autorisées à se vouer au soin des malades (2). Mais la réformation ne tarda pas, sinon à les forcer, au moins à les déterminer à quitter la ville. Cependant il ne parait pas qu'on ait confisqué leurs biens ; par la suite d'autres religieuses y revinrent à l'époque française, se vouant comme leurs devancières à la sainte mission de sœurs de charité.

Après avoir pendant près d'un siècle et demi vécu, combattu et prospéré sous le vieux drapeau blanc, Landau eut en 1793 sa noble part des dangers et des luttes qui inaugurèrent la gloire naissante du jeune drapeau tricolore. Là, comme partout, la révolution avait déjà éveillé et déçu bien des espérances, trompé bien des dévouements, suscité bien des troubles et fait couler bien des larmes, lorsque le canon de l'étranger vint rappeler Landau à son vaillant rôle de boulevard de l'Alsace sur la frontière du Palatinat. L'armée des coalisés, après la reddition de Mayence et la retraite des troupes françaises sur les lignes de Wissembourg, avait investi Landau dont la garnison réduite à un chiffre assez faible, privée de plusieurs de ses chefs par l'émigration, et très-mal approvisionnée de vivres et de munitions, n'avait guères que ses baïonnettes et son intrépidité à opposer à la puissante artillerie de l'ennemi. Dans cette circonstance encore Landau se montra digne de son passé, digne de ses belles défenses de 1702 et de 1704. Et mieux qu'alors les habitants de Landau surent faire cause commune avec la garnison, car, depuis plusieurs générations, ils étaient français. Aussi la garde nationale de Landau, renforcée par quelques volontaires strasbourgeois, se montra-t-elle au niveau du patriotisme de ce temps, et les bourgeois laissèrent stoïquement incendier leurs maisons par les bombes des Autrichiens et des Prussiens pour courir sur les remparts rivaliser de courage avec les soldats de la ligne.

Ce blocus et ce siège de 1793 offrent quelques-uns des traits

(1) SCHOEPFLIN, Landau.

(2) Ibidem.

caractéristiques de l'époque à laquelle l'histoire laissera pour toujours le titre si tragique de 93.

En effet, Landau n'est pas seulement menacé à cette époque par le feu de l'ennemi, mais par les divisions intestines.

Dès le 8 avril 1793, le feld-maréchal Wurmser avait fait sommer de se rendre l'adjudant-général Gilot qui, sous les ordres du général Beauharnais, commandait provisoirement la place de Laudau. Cette première sommation étant restée sans effet et même sans réponse, le feld-maréchal envoya un officier au général Beauharnais pour lui représenter que Landau, dépourvu de vivres, de munitions et de soldats, ne pouvait tenir, que la place ne pouvait être secourue par les troupes sous ses ordres trop faibles pour livrer bataille à l'armée austro-prussienne, et que, pour éviter une effusion de sang inutile, il valait mieux autoriser Gilot à faire une capitulation honorable.

Dites à votre chef, répond Beauharnais à l'aide-de-camp autrichien, que Landau ne se rendra pas, et que n'eussé-je plus qu'un seul grenadier et une seule cartouche, je défendrai la place !

Le brave et infortuné Beauharnais l'eût fait comme il l'avait dit, mais dénoncé par les terroristes, qui ne pouvaient lui pardonner ni son origine et ses formes aristocratiques, ni la modération de ses opinions, ni l'attachement de ses soldats, il fut peu après enlevé à l'armée, mandé devant le comité de Salut public, et le 23 juillet 1793, cinq jours avant la chûte de Robespierre, il dut aller expier sur l'échafaud de la révolution l'honneur d'avoir été l'un des premiers et des plus chevaleresques chefs de ces vaillantes phalanges dont la gloire allait bientôt s'identifier avec celle de sa famille.

Nouvelle sommation au nom du roi de Prusse adressée le 7 mai 1793 à Marie-Joseph Laubadère, appelé au commandement supérieur de Landau. Il répond comme Beauharnais. Le blocus durait déjà depuis un mois et la famine commençait à se faire sentir. Ces privations aigrissaient les esprits, on accusait la parcimonie du général qui se gardait de laisser trop vite épuiser les réserves des magasins ; on alla même bientôt à accuser son patriotisme, et les membres des clubs criaient qu'il voulait laisser mourir de faim les patriotes. Le représentant du peuple Denzel se fait l'interprête de ces murmures ; il somme le chef militaire de prendre des mesures plus révolutionnaires pour augmenter les rations ; il veut organiser une troupe révolutionnaire dont il sera le chef; il dit que le blocus ne peut durer longtemps, que la nation ne saurait tarder à délivrer Landau, et que, par conséquent, c'est une trahison que de garder en magasin des vivres nécessaires à la nourriture quotidienne du peuple.

Laubadère répondait vainement que le blocus pouvait durer très-longtemps; que la nation avait trop d'ennemis sur les bras pour accourir de sitôt en masse au secours de Landau; que les familles des pauvres suspects arrêtés ou expulsés avaient déjà assez de peine à vivre; que les patriotes des clubs devaient savoir comme ses soldats jeûner et mourir pour la patrie; que si l'on épuisait en un jour les faibles réserves des magasins, on serait réduit à se manger vifs le lendemain et que, déterminé comme il l'était à ne jamais rendre la place, il voulait en les diminuant allonger autant que possible les rations.

Ces discussions s'envenimaient de plus en plus; Denzel avait d'abord eu pour auxiliaire l'adjudant-général Delmas dont la bouillante ardeur accusait les mesures trop méthodiques de Laubadère; mais bientôt il s'était rallié au commandant supérieur et deux camps presqu'aussi hostiles entr'eux que les assiégeants et les assiégés s'étaient formés dans la ville. L'un, le camp militaire ou le parti militaire avait pour chefs Laubadère et Delmas, et ralliait à lui la majeure partie de la garde nationale; l'autre était recruté surtout d'individus étrangers à la ville, venus à la suite de l'armée et restés sans emploi, ainsi que d'un certain nombre de réfugiés du Palatinat, du Luxembourg et du duché de Deux-Ponts qui s'étaient compromis par des démonstrations révolutionnaires pendant l'occupation de leur pays par les troupes républicaines, et qui, obligés de s'expatrier par suite de la retraite des Français, remplissaient Landau de leurs plaintes, de leur exaltation et de leurs terreurs. Ce dernier parti avait pour chef le représentant Denzel, originaire du Palatinat, et que ses adversaires accusaient de n'avoir embrassé la cause de la révolution que pour pêcher en eau trouble.

Les choses en vinrent au point que l'on allait se battre entre assiégés en présence des assiégants. Denzel ne se lassait pas de dénoncer comme ennemi du peuple et comme traître à la patrie le chef des défenseurs de Landau; il veut même le déclarer hors la loi et déjà un complot est formé pour s'assurer de sa personne. Mais celui-ci en prévient l'exécution et fait mettre Denzel aux arrêts.

Cette espèce de coup d'Etat ne laisse pas cependant que de monter encore davantage les esprits, quelques militaires même et une partie de la garde nationale hésitent à se rendre complices d'une arrestation que la Convention nationale pourrait punir avec la rigueur ordinaire. On se rassemble, on demande la mise en liberté du représentant du peuple. Par bonheur, en ce moment, l'ennemi, instruit par les espions de ce qui se passe dans la ville, croit le moment venu d'attaquer. Le général s'écrie aussitôt que c'est aux remparts qu'il faut aller et non pas à la maison de Denzel. Il se met à la tête des ses soldats, attire dans leurs rangs quelques-uns des plus exaltés d'entre les émeutiers, fait une sortie et repousse les Prussiens.

Tant d'énergie de la part du chef parvint enfin à remettre un peu d'ordre dans la ville toujours étroitement bloquée. Ce blocus, resserré davantage encore à partir du 1er août, ne lasse pas plus le courage des bourgeois que celui de la garnison. A mesure qu'il se prolonge chacun est conduit à reconnaître combien le général a agi prudemment en économisant les provisions. A défaut de viandes fraîches on se nourrissait gaiement de farinages et de quelques salaisons, on appaisait sa faim en buvant de l'eau. Le vin avait acquis un prix fabuleux, et dans les cabarets on vendait de la détrempe de bois ou de vieux cuir pour de la bierre. De fréquentes sorties toujours heureuses ranimèrent le moral, c'était à qui ferait le coup de fusil contre les Autrichiens et les Prussiens.

Les femmes même s'en mêlaient ; Landau pendant son long investissement du printemps de 1793 à fin décembre, blocus devenu siège vers la fin, a pu compter sinon une Jeanne d'Arc au moins plus d'une intrépide amazone. Indépendamment des femmes qui se dévouaient, conformément à l'instinct de leur sexe, pour soigner les malades et les blessés, il en était qui ne craignaient pas d'affronter les balles et d'accompagner les soldats dans les sorties. L'une d'elles fut prise par les Prussiens dans une de ces sorties et reconnue malgré son travestissement en garde national. Conduite devant le roi de Prusse qui venait depuis peu d'arriver au camp, elle fut battue de verges par ordre du monarque, afin d'apprendre aux autres femmes, s'écria le successeur du grand Frédéric, à ne plus méconnaître les convenances de leur sexe [1]. Cet exemple, loin d'effrayer les jeunes

[1] Ackermann et Birnbaum, page 348.

guerrières de Landau, les exaspéra ; il y eut comme une gageure à qui monterait sur les remparts pour faire le coup de fusil. Sur ces remparts, où elles couraient s'exposer si follement, elles risquaient bien de recevoir la mort, mais non plus d'être battues de verges. Parmi les plus audacieuses se faisait surtout remarquer une jeune fille née à Landau où son père, ancien soldat du régiment de Béarn, s'était fixé. Elle n'était pas moins ardente révolutionnaire qu'intrépide soldat et dans l'émeute pour la mise en liberté du représentant Denzel on ne l'avait que trop remarquée. Dès que la générale était battue dans la ville ou dès qu'un coup de canon se faisait entendre sur les remparts, elle courait aux armes. On disait que c'était pour venger son amant ou son fiancé qui avait été tué dans un des premiers engagements. Loin de se cacher, comme ses compagnes, sous l'habit de soldat, elle se montrait au premier rang vêtue en montagnarde, comme on disait alors, c'est-à-dire, avec le jupon court et un large casaquin ou carmagnole. Sa coiffure était le bonnet rouge auquel se fixait la cocarde nationale. Dès qu'elle voyait l'ennemi elle le provoquait par ses bravades et les balles pleuvaient aussitôt autour d'elle. Enfin l'un de ces projectiles l'atteignit et l'enthousiaste Marianne mourut en soldat sur le champ de bataille.

Dans les premiers mois, l'ennemi n'ayant que de l'artillerie de campagne, les édifices de la ville n'avaient guères eu à souffrir que de quelques boulets perdus. Mais après que les lignes de Wissembourg eurent été forcées, le 13 octobre, les opérations du siège commencèrent, et les bombes firent d'assez grands ravages dans la ville. Cependant, le feu de la place fut si vif que l'ennemi dut suspendre l'attaque. Elle reprit de plus belle le 28 octobre, à trois heures du matin, et le bombardement continua sans interruption jusqu'au 29 octobre à onze heures du soir. Des incendies éclatèrent dans tous les quartiers de la ville et détruisirent les magasins d'approvisionnement et d'effets militaires. Les archives de l'hôpital et avec elles la chronique de Jacques Marzolph furent brûlés, des bourgeois, des femmes, des enfants furent frappés par les éclats de bombes jusques dans leurs caves. Puis, le 30 et le 31 octobre encore deux bombardements, moins actifs toutefois, et qui se taisent enfin dans la nuit du 31 octobre au 1er novembre. Plus de 30,000 bombes et boulets ont, dit-on, été tirés par l'ennemi pendant ces attaques et les munitions paraissent lui manquer pour continuer. En outre, le but de l'ennemi n'a pu être atteint ; Laubadère, toujours debout sur les remparts, n'a pas permis aux parallèles d'avancer. Une vigoureuse sortie achève d'arrêter les travaux de siège, et le général prussien Knobelsdorf, qui a remplacé devant Landau le feld-maréchal Wurmser, est de nouveau réduit à se borner à bloquer l'invincible forteresse.

Ne pouvant réussir par le feu, l'ennemi alors a recours à l'élément opposé, et ne pouvant plus brûler la ville il tente de la noyer. Ce plan diabolique aurait été suggéré au feld-maréchal Wurmser d'abord, puis au général Knobelsdorf par un nommé *Traitteur* (1), de Heidelberg. Il ne s'agit de rien moins que de barrer le cours de la Queich au sortir de Landau pour contraindre les eaux à refluer vers la ville, l'inonder et se transformer au pied des imprenables remparts en autant de mines ou d'attaques à la sape. Mais Laubadère fait exécuter des contre-travaux; l'eau repoussée vers la ville se répand sur les glacis et ne sert qu'à couvrir davantage les approches de la place. Enfin, puisque tout est inutile contre Landau, le fer et la famine, l'eau et le feu, le général ennemi essaye un dernier moyen : il veut négocier et tâcher de faire ouvrir de gré ces portes qu'il n'a pu forcer. Avant la révolution M. de Laubadère, déjà chevalier de St.-Louis, était capitaine du génie attaché à l'état-major de cette arme à Strasbourg. Il avait eu l'occasion d'y rencontrer M. le prince de Hohenlohe alors colonel d'un régiment allemand au service de France. Ce prince qui a émigré et qui commande un corps de l'armée prussienne, a déjà une fois, depuis l'investissement de Landau et pour obéir à un sentiment de courtoisie chevaleresque, fait parvenir par les vedettes ses compliments à M. de Laubadère. Une lettre, soit écrite par le prince, soit supposée venir de sa part, est donc remise par un parlementaire au commandant républicain de Landau. Dans cette lettre, après les félicitations d'un ancien frère d'armes pour sa belle défense, on exprime le regret que tant de bravoure et de talent soient dépensés pour une cause perdue, car, assure-t-on, sur toutes les frontières les armées de la République sont battues, et, notamment, l'armée du Rhin, refoulée jusques sur les glacis de Strasbourg, est dans l'impossibilité de dégager ou de ravitailler Landau. Ne vaut-il pas mieux évacuer la ville pour aller rejoindre cette armée que s'obstiner à défendre des murs où, lors même qu'un nouveau siège resterait encore sans résultat, il faudrait finir par mourir de faim ?

(1) BIRNBAUM, page 364.

Laubadère n'était pas homme à se payer de cette monnaie, il fit une réponse polie mais dont chaque phrase disait : « *Landau ne se rendra pas !* » Et cette réponse il la renouvela encore deux fois, le prince royal de Prusse et le général Knobelsdorf l'ayant à deux reprises encore fait sommer de capituler (1).

Le bombardement recommença donc, mais toujours sans résultat. Enfin, au bout de neuf mois de blocus et de siège l'armée du Rhin aux ordres de Hoche et de Pichegru vint, aprés une série de combats, délivrer Landau, et le 23 décembre 1793 ses portes depuis si longtemps fermées se rouvrirent.

La Convention décréta que la garnison et la garde nationale de Landau avaient bien mérité de la patrie.

En 1795 Landau fut de nouveau bloqué par les ennemis de la France, mais les succès des armées du Rhin et de Sambre-et-Meuse rendirent cet investissement moins long et moins terrible que celui de 1793.

Ce fut la dernière épreuve imposée à la place forte française jusqu'à nos désastres de 1814 et de 1815. La réunion du Palatinat, des électorats de Mayence, de Trèves et de Cologne à la France semblait désormais lui réserver une destinée militaire moins périlleuse, car elle cessait d'être à l'extrême frontière de la rive gauche du Rhin, et elle n'avait plus de voisins étrangers que sur la rive droite (2).

Le canton de Landau qui faisait partie de l'arrondissement de Wissembourg comprenait vingt communes. Il était divisé en quatre assemblées primaires dont les chefs-lieux étaient Landau, Queichheim, Herxheim et Niederhochstatt. Il y avait dans la ville une direction d'artillerie et une du génie, trois casernes et un hôpital militaire fort considérable. Sous le consulat et l'Empire, jusqu'en 1812, le commandement illustré par Laubadère fut confié au général Jordy.

Ce n'est pas que, durant cette période où nos armées portèrent si loin leurs drapeaux et où nos frontières furent reculées si loin, la ville de Landau n'ait pas encore eu à souffrir des effets de la poudre et des bombes. Deux fois, le 30 frimaire an III et le 3e jour complémentaire de l'an VII des explosions épouvantables vinrent tout-à-coup tirer les habitants de leur sécurité. C'était le laboratoire d'artillerie

(1) BIRNBAUM, page 532 (preuves).

(2) En l'an VII le général Ney, commandant par intérim de l'armée du Rhin, établit pendant quelque temps son quartier-général à Landau.

qui sautait en l'an III et en l'an VII c'était le parc d'artillerie, sinistres qui eurent des résultats terribles pour la ville où plusieurs personnes furent blessées, tandis que des malheureux canonniers étaient mis en pièces dans l'arsenal. Sans le dévouement intrépide des généraux Baragay-d'Hilliers et Delaborde en passage à Landau qui, avec quelques généreux citoyens et les canonniers de la garde nationale et de l'armée, parvinrent à éloigner du contact des flammes de nombreux caissons d'artillerie préparés pour l'armée du Rhin, le dernier de ces accidents eût eu pour Landau des suites aussi graves que les bombardements de 1793. (1)

Mais il devait venir, enfin, le jour de la défaite pour cette France qui depuis vingt ans, de 1792 à 1812, avait si souvent ébloui l'Europe de sa gloire et semblait appelée par le nouveau César à une domination aussi étendue que celle de l'antique Empire romain. En 1812, nos armées détruites à la fois en Espagne par la fièvre jaune et l'énergique insurrection d'un peuple désespéré, en Russie par la famine et les frimas, avaient pour la première fois appris à l'Europe étonnée qu'elles n'étaient pas invincibles. Les levées de conscrits, envoyées en 1813 en Allemagne pour remplacer les vieilles bandes disparues dans la retraite de Moscou, n'avaient pu repousser que dans les deux premiers jours de la bataille de Leipsick les armées réunies de la Russie, de l'Autriche et de la Prusse, et le troisième jour elles avaient dû céder la victoire, moins peut-être aux efforts des masses qui les attaquaient de front et sur les flancs qu'à la trahison des troupes saxonnes qui étaient mêlées à leurs rangs. Les Etats de la confédération du Rhin, jusqu'alors vassaux si soumis de l'empereur Napoléon, s'étaient retournés vers la fin de 1813 contre la France, et malgré leur échec de Hanau, n'avaient pas tardé à joindre leurs forces aux armées et aux levées en masse des alliés pour l'accabler.

L'Alsace fut envahie à la fois, dès les premiers jours de 1814, par l'armée autrichienne, russe, bavaroise, wurtembergeoise du prince de Schwartzenberg, et par l'aile gauche de l'armée russe-saxonne et prussienne du maréchal Blücher. Cette dernière avait passé le Rhin à Mannheim, à Caub et à Neuwied, tandis que la première se faisait livrer le pont de Bâle par les Suisses du général Watteville et pénétrait par le Haut-Rhin.

(1) *Annuaire du Bas-Rhin de l'an* VIII, page 387.

Dans la nuit du 31 décembre au 1er janvier les premiers coups de fusil avaient été tirés sur la ligne du Rhin, en avant de Landau, entre les avant-postes, puis, le passage effectué, le détachement de la garnison envoyé pour border la rive gauche du Rhin et trop faible pour s'y opposer sérieusement, s'était replié sur la place. Cette dernière était commandée par le général de brigade Verrières, vieux brave des premières campagnes de la République, couvert de blessures, mais infirme, qui avait succédé en 1813 au général Jordy. La garnison se composait des dépôts des 39me, 133me de ligne et du 3me régiment suisse, d'un escadron de gardes-d'honneur, d'une compagnie du 1er régiment d'artillerie à pied, de quelques canonniers appartenant à divers autres régiments, et d'une cohorte de garde nationale mobile des Vosges [1]. La garde nationale de Landau formée en compagnie d'artillerie et en cohorte urbaine complétait cette liste des défenseurs de la place et ne se montrait pas moins décidée que les soldats de la ligne à la résistance la plus énergique.

L'investissement régulier de la place eut lieu le 3 janvier par une forte division russe aux ordres du général de Sokolowski, par une brigade badoise et par quelques escadrons de cavalerie bavaroise. Dès le 16 une sortie, composée de 150 hommes choisis dans les dépôts des 39me et 133me de ligne et de 50 gardes-d'honneur, refoula l'ennemi qui serrait de trop près la place et permit de la ravitailler. Le commandant d'artillerie, M. le lieutenant-colonel de Peyerimhoff, les soutint vigoureusement par les batteries de la place. Il ne se passait guères de jour sans que ces batteries n'éclairassent les approches et ne missent obstacle aux préparatifs d'attaque. Le 21 janvier, nouvelle sortie d'égal nombre d'hommes environ pour reprendre et démolir une tuilerie où l'ennemi s'était logé. Le commandant d'artillerie fait remarquer à cette occasion qu'aux yeux des soldats le seul malheur de cette sortie fut, non pas la mort de trois soldats frappés par le feu de l'ennemi, mais une maudite balle qui traversa une marmite au moment où l'on faisait la soupe et fit perdre tout le bouillon.

Le 29 on repoussa une attaque d'infanterie sur le bastion de droite et l'on eut occasion de mitrailler la cavalerie bavaroise qui s'était avancée pour empêcher que cette infanterie ne fût poursuivie trop loin par le détachement sorti de la place.

---

(1) Journal du blocus, par le commandant Peyerimhoff.

Il faisait si froid et la terre était si gelée qu'on ne pouvait, ni du côté des assaillants, ni du côté de la place, travailler à la pioche, ouvrir des tranchées et faire des terrassements. Comme le général commandant la place ou plutôt le chef du génie que ce soin concernait plus spécialement, n'avaient pas songé à faire raser les constructions et les jardins que l'usage d'un long éloignement du théâtre de la guerre avait laissé établir jusque sur les glacis, l'ennemi pouvait très-facilement se loger à portée de fusil de la place et l'incommoder beaucoup. Il fallut toute une série de petites sorties et toute l'énergie du commandant Peyerimhoff pour parvenir à la destruction successive de ces dangereuses approches.

Ces petits combats continuels et le typhus ne laissaient pas que d'enlever beaucoup des défenseurs de la place. Chaque jour le corbillard renouvelait plus souvent ses visites au cimetière en-dehors des palissades. Une fois il fut enlevé par les cosaques qui ajoutèrent à ce mauvais procédé l'enlèvement du moulin de l'hôpital à 150 toises de la place. Cela criait vengeance, une sortie plus nombreuse que de coutume eut lieu, elle se composait outre deux ou trois pelotons de soldats de ligne et de soldats suisses, des deux cents jeunes gardes mobiles de la cohorte des Vosges. Deux bouches à feu et les quelques gardes-d'honneurs encore montés appuyaient cette petite troupe. On reprit d'abord le moulin, puis on poussa jusqu'à Offenbach et Isenheim pour ramasser autant de provisions que possible, car la disette commençait à se faire sentir; la retraite fut soutenue par les braves enfants des Vosges qui se couvrirent de gloire ainsi que quelques gardes nationaux de Landau mêlés à leurs rangs.

Cependant on ignorait absolument ce qui se passait hors du rayon de la place. Le général russe ayant une fois voulu faire parvenir quelques nouvelles des succés des alliés en France, le conseil de défense avait interdit, sous peine de mort, toute communication avec l'ennemi. On continuait donc à se battre pour l'empereur à Landau lorsque déjà Paris était occupé par les alliés.

Quelques-uns de ces officiers, plus braves au feu que fermes dans les vicissitudes de la politique, commençaient toutefois à s'inquiéter; un peu avant l'investissement, le colonel du régiment suisse qui faisait partie de la garnison de Landau avait, pour lui épargner les dangers d'un siège, envoyé sa femme dans les environs de la ville. Le général Sokolowski fit dire que cette dame gravement malade demandait à être traitée par le chirurgien-major de son mari et il offrit un sauf-conduit pour cet officier de santé. Le général Verrières ayant, malgré l'avis du conseil de défense, autorisé le voyage, on apprit enfin au retour du chirurgien suisse les graves événements survenus à Paris et à Fontainebleau en mars et en avril.

Presqu'aussitôt un parlementaire russe se présentait pour sommer de suspendre les hostilités contre des troupes alliées du nouveau gouvernement français. Le général Verrières hésitait, mais sur les instances du commandant Peyerimhoff il refusa de recevoir l'officier russe. Le lendemain nouveau parlementaire, il apporte des journaux, des lettres, mais il n'est pas reçu, et le conseil de défense brûle lettres et journaux. Enfin, au bout de quelques jours, un troisième parlementaire se présente aux avant-postes; cette fois ce n'est plus un officier russe, mais un officier français quoiqu'il soit accompagné d'un trompette des troupes ennemies. Le commandant Peyerimhoff est envoyé au-devant de lui jusqu'aux vedettes, en approchant il remarque que cet officier porte une cocarde blanche : Qui êtes-vous? lui dit-il. — Vous le voyez, je suis comme vous officier français et je suis envoyé par le ministre de la guerre..... — Quel ministre? — Le ministre du roi. — Je ne connais que le ministre de l'empereur Napoléon..... — Enfin, reprend l'interlocuteur de M. de Peyerimhoff, je n'ai point de comptes à vous rendre, c'est au général Verrières que je suis envoyé, faites-moi conduire au général, ou prévenez-le que le chef-d'escadron Brossard est chargé d'une mission du ministre pour lui. — Votre ministre ne peut avoir de mission à donner pour un général de l'empereur, retirez-vous, ou je serai forcé de vous faire fusiller.

Ainsi éconduit, l'officier royaliste dut se retirer, et le drapeau tricolore continua à flotter à Landau lorsque déjà le drapeau blanc l'avait presque partout ailleurs remplacé.

Ce ne fut que quelques semaines après, sur les instances du vieux général Schramm, nommé commissaire extraordinaire près la garnison de Landau, que cette dernière consentit à reconnaître le nouveau gouvernement. En même temps l'on signifia au général russe que l'on gardait la place, sinon pour l'empereur qui avait abdiqué, au moins pour la France qui n'abdiquait pas.

Landau resta donc ville française même après la paix de 1814, et aux termes de l'article 5 du traité du 30 mai 1814 les villages de

Queichheim, Merlenheim, Knittelsheim, Belheim ainsi que tout le rayon de la forteresse tel qu'il était en 1792, même Bergzabern, furent conservés à la France et au département du Bas-Rhin. [1]

Mais voici 1815 et avec les premières violettes du printemps l'exilé de l'île d'Elbe reparaît en cette France toute meurtrie encore des luttes vaillantes de 1814. La garde nationale de Landau salua avec enthousiasme le retour du drapeau tricolore qui, aux yeux des générations contemporaines, représentait et représente encore plus particulièrement l'honneur des armes et les intérêts modernes. *Te morituri salutant* auraient pu dire beaucoup de ces braves qui le saluaient alors, et la France aussi et Landau surtout auraient peut-être hésité à fêter son retour, si les prochains résultats de ce retour se fussent dévoilés à leurs yeux et si le spectre sanglant de Waterloo eût pu, dès-lors, se dégager des nuages qui allaient le cacher pendant cent jours encore.

Mais n'importe! le patriotisme des habitants de Landau ne se dément pas plus en 1815 qu'en 1814 et en 1792. Ils voient s'avancer de nouveau vers cette frontière française, qu'ils couvrent, les innombrables armées de l'Europe et de nouveau ils serrent leurs rangs pour recevoir bravement le choc. Leur maire, M. Mayer leur donne l'exemple du dévouement, et aide le colonel du génie Athalin à préparer la défense de la place.

L'empereur Napoléon avait nommé, à la date du 4 mai 1815, le général de brigade Buquet au commandement supérieur de Landau; mais ce général, retenu par une grave maladie, n'avait pu encore prendre possession de son commandement lorsque les premières hostilités vinrent à éclater sur la frontière. Le général Rapp, qui commandait en chef le corps d'armée destiné à opérer sur le Rhin, prit alors sur lui d'envoyer à Landau le général de brigade Geither, car il lui fallait un chef sur lequel il pût compter pour défendre une place qui, d'après son premier plan de campagne, devait lui servir de base d'opération.

Michel Geither, né à Obstadt, non loin de Landau, était un de ces vieux soldats de la République et de l'Empire qui, partis le sac sur le dos, devaient leurs épaulettes à leur instinct militaire et à leur sang glorieusement versé dans les combats. Son bras droit était resté à

---

[1] Voyez le traité de 1814 dans SCHOELL, tome IX, page 396.

la Bérésina, mais il savait tenir son épée aussi ferme du bras gauche, et était digne de présider aux dernières destinées françaises de Landau.

Le général Rapp réduit à opposer 16 ou 17,000 hommes aux 60,000 Autrichiens, Russes, Bavarois, Wurtembergeois et Badois qui débouchaient du Palatinat sur l'Alsace, menacé en outre d'être pris à revers par une autre armée autrichienne qui, après avoir envahi la Haute-Alsace, marchait sur Schlestadt et Strasbourg, avait dû renoncer à la ligne de la Queich et se replier successivement sur la Lauter et sur la Seltz, pour venir enfin s'adosser aux remparts de Strasbourg.

En quittant sa première ligne d'opérations il avait retiré de Landau presque toutes les troupes disponibles, ne laissant à Geither qu'un faible bataillon du 57^me^ de ligne, quelques canonniers et sapeurs du génie et des cadres de garde nationale mobile parmi lesquels il n'y avait guères d'organisé que le contingent de Wissembourg. Mais la garde nationale sédentaire de Landau venait en aide à ces braves et ses canonniers, surtout, savaient toujours rivaliser d'ardeur et de justesse de tir avec les canonniers de la ligne.

Le corps d'armée ennemi, chargé de l'investissement de Landau, se composait d'Autrichiens, de Badois et de Wurtembergeois. Il débuta par l'attaque du moulin dit *Spietel-Mühl*, déjà l'objet des premiers combats pendant les sièges et blocus de 1793 et de 1814. Un brave officier du génie, M. Cugnot, y fut tué en défendant un nouvel épaulement construit par les ordres du colonel Athalin.

Le principal fort de Landau, dit le *Cornichon*, fut ensuite l'objet d'une attaque des plus vives, les obus y pleuvaient ainsi que dans la ville et allumèrent plusieurs incendies dont on parvint toutefois à se rendre maître. Quelques-uns des projectiles avaient nécessité des travaux qui furent exécutés immédiatement sous le feu de l'ennemi par les sapeurs du génie et par quelques travailleurs volontaires de la ville que dirigeait le lieutenant du génie Samain (1).

Le *manchot de la Bérésina*, comme on avait coutume d'appeler à Landau le général Geither, semblait se multiplier pour être partout où il y avait danger, et bien des fois, quelques vieux habitants de Landau s'en souviennent encore, lorsque les bombes et les obus

(1) Aujourd'hui percepteur des contributions directes à Matzenheim.

pleuvaient avec le plus de fracas, on le voyait, s'il n'était pas sur les remparts, se promener tranquillement sur la place d'Armes, comme pour défier la mort ou plutôt pour encourager par son exemple les habitants et les aguerrir contre les bombardements.

La place était approvisionnée de vivres pour six mois d'après les états officiels ([1]) mais en réalité, elle n'avait guères que pour six semaines de vivres et de munitions de guerre. La prolongation de sa défense était donc subordonnée à un mouvement offensif de l'armée du général Rapp, ou du moins à un ravitaillement par suite de quelque circonstance fortuite de la guerre.

Cependant Waterloo avait déjà depuis deux mois vu tomber en ses plaines fatales la fortune de la France, et déjà le drapeau blanc avait rendu quelque simulacre de paix à presque tous les clochers du royaume restitué à Louis XVIII, pendant que Geither s'obstinait encore, à l'instar de Verrières et de Peyerimhoff en 1814, à conserver l'étendart aux trois couleurs sur les remparts de Landau. Dès la fin de juillet 1815 le général ennemi lui avait fait remettre par un parlementaire l'ampliation de l'armistice conclu le 27 juillet à Strasbourg, armistice obligatoire pour tous les commandants des places fortes de la 5me division militaire. Geither ne voulait entendre à rien, il ne cesserait les hostilités, disait-il, que sur l'ordre formel de l'empereur; mais on lui répondait qu'il n'y avait plus d'empereur, que le roi Louis XVIII était reconnu partout en France comme à l'étranger, et qu'il fallait obéir au nouveau gouvernement français ou assumer sur sa tête la responsabilité d'une lutte sans autres résultats possibles désormais qu'une inutile effusion de sang. On offrait, en outre, des sauf-conduits pour les officiers ou commissaires qu'il désignerait afin d'aller prendre les ordres du nouveau gouvernement français ou de ses représentants en Alsace.

Aucun officier n'ayant voulu se charger de cette mission, il fut convenu que le maire de Landau, accompagné de deux conseillers municipaux, traverserait les troupes alliées, muni d'un laissez-passer, afin d'aller à Strasbourg prendre les ordres du général Rapp.

Ce dernier venait de publier un ordre du jour qui annonçait aux troupes la cessation des hostilités et leur ordonnait de quitter la

---

([1]) *Mémoires pour servir à l'histoire de France en* 1815, page 19.

cocarde tricolore pour reprendre la cocarde blanche, ordre du jour qui fut, comme l'on sait, suivi de la révolte du corps d'armée campé sous Strasbourg. Il donna communication de cet ordre aux délégués de Landau et leur fit connaître que ses pouvoirs allaient cesser. De son côté, le général Dubreton, envoyé en Alsace par le roi Louis XVIII pour prendre le commandement de la 5me division militaire, signifia dès la première dizaine d'août au général Geither l'ordonnance royale qui licenciait l'armée et prescrivait de renvoyer dans leurs foyers non-seulement les gardes nationaux mobiles mais les officiers et soldats des troupes de ligne. Que résoudre en présence d'ordres si péremptoires? Persister à ne pas se soumettre c'était non-seulement se placer en dehors du droit des gens, se faire mettre au ban des nations, c'était aussi condamner de braves soldats à une sorte de dégradation civique, les priver de la protection des traités, les vouer non-seulement à la mort mais presqu'à l'infamie légale.

Geither, désintéressé quant à lui, car il était bien déterminé à n'accepter aucun emploi du nouveau gouvernement, ne se sentit pas assez indifférent au sort de ses compagnons d'armes pour vouloir leur faire perdre gratuitement ce qui pouvait leur rester d'avenir. Il commença par licencier les cadres de garde nationale mobile, espérant qu'en présence des troupes étrangères, qui serraient de si près la place, on lui permettrait au moins de conserver son bataillon du 57me, ses canonniers et ses sapeurs jusqu'à ce que la nouvelle armée royale, étant réorganisée, pût fournir un détachement pour les relever. Mais les ordres étaient formels, il n'avait plus pouvoir légal de retenir sous le drapeau des corps licenciés par le gouvernement, et lui-même il reçut un arrêté du ministre de la guerre qui le destituait de son commandement et le mettait en non activité. Il fallut donc aussi licencier la troupe de ligne et se résoudre à laisser la défense de Landau à la seule garde nationale sédentaire.

Cette brave milice locale restait toujours aussi dévouée, et, fidèle jusqu'au bout à la patrie française, elle était prête à s'ensevelir sous les remparts de la place pour conserver Landau à la France. Mais, enhardi par le licenciement des troupes de ligne, l'ennemi resserrait toujours la ville de plus près; il s'était mis en possession de tous les postes avancés et menaçait d'un assaut si on ne lui ouvrait pas les portes. Déjà le sort de Landau était fixé par les puissances qui refaisaient à cette époque la carte de l'Europe, et les conférences de Paris avaient décidé que la frontière de la France serait du côté du Palatinat reculée de la Queich à la Lauter. Le général des troupes alliées d'investissement signifia cette décision à la municipalité et au général Geither; il promettait le maintien de l'ordre et la sécurité pour tous, quelqu'eussent été les opinions et les actes politiques.

Néanmoins on répugnait toujours à recevoir les étrangers bien qu'ils se présentassent non plus en ennemis mais en alliés. Geither voulait encore espérer que Landau ne serait pas rayé de la carte de France; il offrait de tenir bon avec la garde nationale pourvu que leur résistance ne fût pas désavouée par le gouvernement français. Mais aucune réponse ne lui venait; peu importait au ministère de la fin de 1815 l'intégrité de l'Alsace, enfin, le 15 septembre il résigna son commandement. La garde nationale de Landau abandonnée à elle-même continua dès lors à faire le service de la ville, et le drapeau de la vieille monarchie française, substitué au drapeau tricolore, y fut maintenu par elle jusqu'au 11 décembre 1815. Alors seulement, en vertu de l'article 1er du traité de Paris du 20 novembre 1815, les Autrichiens furent reçus dans la ville. Ils y restèrent sous le commandement du feld-maréchal lieutenant Mazzuchelli jusqu'au 1er mai 1816, époque de la remise de la place au gouvernement bavarois, conformément aux stipulations du traité d'avril 1816.

# TABLE DES MATIÈRES.

ERRATA.

Page 9 — *arguer* lisez *argumenter*.
— 15 — *se met* lisez *consent*.
— 18 — *lieb-frauen* lisez *lieben Frauen*.
Ididem — *a su* lisez *sut*.
Page 49 — *se sont plu* lisez *se plurent*.
— 60 — *quia* lisez *quin*.
— 65 — *avaienté* lisez *avaient*.
— 66 — *dynastiques* lisez *tant dynastiques qu'ecclésiastiques et municipales*.
— 72 — l'*in erim* lisez l'*intérim*.
— 76 — *corréligionneires* lisez *coréligionnaires*.
— 85 — *partis belligérants* lisez *parties belligérantes*.
— 99 — *ou redan* lisez *ou un redan*.
— 103 — *déclara les céder tous* lisez *déclara les céder à l'exception*, *etc*.

www.ingramcontent.com/pod-product-compliance
Ingram Content Group UK Ltd.
Pitfield, Milton Keynes, MK11 3LW, UK
UKHW020344230726
13925UKWH00003B/955

9 782014 447347